1年の要所が
わかる・見通せる

はじめての
「特別支援教育
コーディネーター」
12か月の花マル仕事術

東京コーディネーター研究会 編著

JN041573

明治図書

はじめに

　こんにちは。東京コーディネーター研究会です。

　この本を手に取っていただきありがとうございます。

　東京コーディネーター研究会は，特別支援教育に携わる様々な学校関係の方が集まって，実感を分かち合いながら，指導と連携の具体策を話し合う場をつくろうと，2004年の秋に発足した研究会です。

　私たちの研究会の会長である東京学芸大学名誉教授の野村東助先生が，ある研修会の終わりの言葉でこうおっしゃいました。

　「今，必要なのは，子どもには居場所，保護者にはつながり，教師にはゆとりである」と。

　新型コロナウイルスの影響は様々なところに色濃く出ていますが，野村先生がお話しされた，この必要なものが得にくくなっていることも，その一つだと感じています。

　このような折に，2011年に黒川君江先生の編著で研究会の仲間と執筆した『特別支援教育コーディネーターの1年　小・中学校編』をリニューアルしませんかとお話をいただきました。研究会の活動も縮小している中で，とてもお引き受けできないと一度はお断りをしました。しかし，3年ぶりに対面の実践研修会を開催したところ，予想をはるかに上回る参加者が集まりました。そして，現場で困っていることや取り組んでいることを熱く語り合う皆さんの姿を拝見し，考えが変わりました。一つは，特別支援教育コーディネーターの全校配置からこんなに経過しても，コーディネーターの悩みは変わらず，やはり手探りの状態であること。もう一つは，研究会の活動の蓄積から，10年前には発信できなかったことがあるのではないかと考えたことからです。

そこで，研究会のメンバーに声をかけ，これまでの研究会の会報や記録も見直しながら，寄せられた悩みに少しでも答えられるものを発信していこうと取り組みを始めました。

　まず，話し合ったことは，初めてコーディネーターになった方に，仕事のヒントとともにエールを送りたいということです。コーディネーターは，本務が別にあります。できるだけ分かりやすく，そして，限られた時間の中でできる工夫を一緒に考えていきたいと思いました。

　もう一つは，「つなぐ」「つながる」ということです。コーディネーターの仕事は，情報や人をつなぐことです。そのためには，コーディネーター自身が，校内でそして校外で「つながり」をつくりながら仕事をしていくことが大切です。これは，先につくった『特別支援教育コーディネーターの1年　小・中学校編』に書かれていた「誰もがコーディネーターの視点で，各立場から明日の特別支援教育をつくりだすことが大事。校内体制は組織力で。」とつながります。

　初めて特別支援教育コーディネーターになられた皆さん。異動して久しぶりにコーディネーターになられた皆さん。まずは，相談できる方，一緒に考えてもらえる方を探すことから取り組んでみてください。きっと仲間になってくれる方が見付かるはずです。そして，ご一緒に，「子どもの居場所，保護者のつながり，教師のゆとり」をつくっていきましょう。

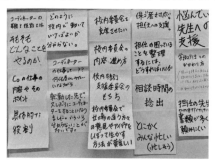

東京コーディネーター研究会　吉成　千夏

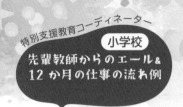

特別支援教育コーディネーターの仕事は
つながりをつくれることがすてき

（吉成　千夏）

仕事のやりがい❶　その子の成長を長く見守れることがすてき

　学校に，特別支援教育コーディネーターという役割ができて，20年近くが経ちました。先日，通級による指導の中で6年生と話をしたときに，特別支援教育コーディネーターという役割の先生が，日本中の全ての学校にいることを説明しました。話しながら，まだまだ誰もが知るところではないのかもしれないと思いましたが，この役割を長いこと務めてきてやりがいは何だろうと改めて考えたとき，それは，子どもの成長を長い目で見守れることではないかと思いました。

　コーディネーターは，時には入学前から，その子と保護者にかかわることがあります。「はじめまして」から，「いってらっしゃい」と中学に送り出すまで，細く長く見守り続けることができるのです。そして，卒業後の活躍や失敗エピソードを聞くこともできます。困難を抱えているケースほど，苦労したケースほど，成長を見守ることができることは嬉しいものです。異動はつきものです。途中で異動することがあっても，思わぬところから，「〇〇君，今はこうしているよ」とお聞きすることもあり，関係者と成長を喜び合えることは，仕事のやりがいの一つになっています。

仕事のやりがい❷　「チーム学校」を実感できることがすてき

　「チーム学校」が求められるようになりました。「チーム学校」という考え方は，特別支援教育に取り組むことで，大きく進んだのではないかと感じて

います。

　それまで，小学校は特に，「その学級のことはその学級の問題」という文化がありました。特別支援教育に取り組むことで，１年１組のＡちゃんは，１年生のＡちゃんどころか，○○小学校のＡちゃんとして，考えられるようになったのではないでしょうか。その○○小学校のＡちゃんのことは，教員だけでなく，用務主事や司書教諭の方，交通安全指導員の方など，学校にかかわる方がチームとなって，気にかけ，情報を共有するようになりました。その調整役ができるコーディネーターは，やはりすてきな仕事だと思います。

仕事のやりがい❸
「つながり」に支えられ「つながり」をつくれることがすてき

　私が特別支援教育に携わるきっかけをくれたのは，特別支援教育コーディネーターになったことです。コーディネーターの養成にあたっては，区をあげて大変充実した研修を受けさせていただきましたが，いざ学校に戻ると，何から手を付ければよいか分からず，途方に暮れました。藁をもつかむ思いで参加したのが，東京コーディネーター研究会でした。様々な立場の方が悩みながら語り合い，子どもの笑顔のためにできることを見付けようとしていました。そして，その語り合いの中にいることで，自然と次へのエネルギーをチャージすることもできました。ここでできた「つながり」を支えに，自校で困っている子どもや同僚を支える「つながり」をつくっていこうと，小さなチャレンジを積み重ねることができたのだと思います。

　子どもを支えていくためにコーディネーターができることは，「つながり」をつくることだと考えます。その「つながり」をつくるためには，自分自身も多くの方とつながり，支えていただくことが必要です。「つながり」に支えられ，「つながり」をつくれることも大きなやりがいになっています。

はじめて先生へのエール

❶調整役としてのお墨付き

　特別支援教育コーディネーターに指名されると，「私でよいのだろうか」と不安になります。他にも多くの校務分掌がありますが，特別支援教育コーディネーターは，少し大変だと感じることがあるかもしれません。

　気が重くなりがちですが，ちょっとリフレーミング（見方を変える）してみましょう。コーディネーターに指名されるということは，校長先生から，校内の調整役としてお墨付きをもらったということではないかと思うのです。「チーム学校」の中で，調整役はとても大きな存在です。そのような評価をされているということは，これまでの先生の実績があってこそだと思います。まずは，指名されたことに自信をもちましょう。

❷チームで，人を頼って

　この後をお読みいただくと，繰り返し出てくるキーワードがあります。それは，「コーディネーターは窓口なので，一人で取り組まなくてよい」ということです。本書自体もチームで作成していますが，執筆に携わった全員が大切にしたいと考えたメッセージが，「コーディネーターが一人にならない。一人でしない」でした。

　コーディネーターには，コーディネーターを支える人が必要です。第1章に「自分の中でチームをつくる」というフレーズがあります。私も初めてコーディネーターになったときに，生活指導主任のE先生がいつも味方になり，支えてくれたことが大きな力になりました。そして，今は，3人のコーディネーターや教務主任，生徒指導主事，もちろん管理職の方々，多くの方に支えてもらいながら仕事をしています。報告・連絡・相談をするだけでなく，ぜひ，お願い上手で，ヘルプの出せるコーディネーターを目指してください。

❸できるところから

　「はじめに」でも書きましたが，本書は，研究会に寄せられた多くの悩みや，やってみてよかったことがもとになっています。そのため，「はじめての」とタイトルにはありますが，コーディネーターとして知っておくとよいと思うことを可能な限り盛り込みました。ですから，全てをやろうとするのではなく，できるところから，そして必要に迫られたところから，取り組んでいただくことをおすすめします。書かれている全部に取り組んでしまったら，それこそスーパースーパーコーディネーターになってしまいます。まずは，第1章を読み，見通しをもつことから始めてみてください。

　できるところから取り組むためには，ご自身の得意なことややりやすいことをいかすことも大切です。

　「事務作業が多いと嫌になるけれど，人と話すことが好き」なのでしたら，ぜひ，担任や専科教諭，特別支援教育支援員との立ち話を充実させましょう。風通しのよい，話しやすい雰囲気をつくることが上手な先生のいる学校は，自然とチームで子どもを支えられる学校になっています。

　「忙しそうな先生に話しかけるのはちょっと気が引ける。でも，資料をまとめることは苦にならない」のでしたら，連携できる関係機関の一覧をつくり，相談があったときにすぐに対応できるようにしておきましょう。報告される子どもの情報をその都度メモし，記録に残しておくことも大いに役に立ちます。

　特別支援教育は，好きなことや得意なことをいかすという視点を大切にしてきました。これは，コーディネーターの仕事術にもいかせることではないかと思います。

小学校　特別支援教育コーディネーター　12か月の流れ

＊自治体によって取り組みの時期が違うものは・印，ほぼ変わらないものは☆印。

月	今月の仕事チェックポイント
4月	☆入学前のケース会議や入学式のリハーサル ☆コーディネーターの役割分担 ☆校内委員会の組織づくりと年間予定の確認 ☆１年生のケース会議（入学後）の計画，担任への資料の引継ぎ ☆支援をしてきた児童の一覧の確認と１年生の追加 ☆昨年度の個別の教育支援計画の確認と担任への引継ぎ ・児童理解（生徒指導）全体会の提案
5月	☆個別の指導計画作成についての確認 ・居住地校交流の打合せと計画書の作成 ・就学相談や専門家チーム派遣の手続きについての確認 ・通級による指導の申請についての検討① ・児童理解（生徒指導）全体会の資料作成の依頼と集約
6月	・児童理解（生徒指導）全体会後の情報の整理 ・小中連携授業とその後のコーディネーター会議 ☆特別支援教育支援員の活用など，校内の支援体制についての検討 ☆校内委員会で検討するケースについての情報収集（毎月） ・スクールカウンセラーによる５年生全員面接後の情報収集① ☆特別支援教育校内研修会の計画
7月	・中学進学時の就学相談について，情報提供や情報収集 ・通級による指導の申請についての検討② ・スクールカウンセラーによる５年生全員面接後の情報収集② ☆特別支援教育校内研修会の準備 ・通級担当教員との情報交換
8月	☆特別支援教育校内研修会の運営 ・保護者面談で出された教育的ニーズについての把握 ・放課後児童支援員との情報交換

> まずは，一緒に考えてもらえるチームをつくりましょう。自分の頭の中のチームでも大丈夫です。

> 関係機関の一覧や手続き集をつくっておくと便利です（小学校　特別支援教育コーディネーター　12か月の仕事の要所参照）。

> 校内委員会前の学年会で，毎回話題にしてもらうようにします。

＊この他にも，各種調査の回答を求められることが多くあります。副校長先生と連絡を取り合い，早めに取り組むようにします。

9月	☆長期休み明けの児童の様子について情報収集 •中学進学時の就学相談資料作成の声掛けや取りまとめ ☆行事についての校内支援体制や支援方法の検討 •通級による指導の申請についての検討③
10月	☆行事についての校内支援体制や支援方法の検討 •就学時健診での観察の視点について確認 ☆保育園，幼稚園との関係づくり
11月	•通級利用児童の指導継続についての検討 •就学時健診後の情報の整理 ☆入学対策委員会との連携（園への聞き取りの分担など）
12月	•通級による指導の申請についての検討④ ☆入学対策委員会との連携（園児と児童の交流時の観察など） ☆6年生の進学先への引継ぎの計画 ☆学校評価と教育計画の作成（特別支援教育に関する項目）
1月	☆個別の教育支援計画の評価作成についてスケジュールの確認 •新1年生保護者会での説明内容の検討 ☆新1年生についての引継ぎ資料の受け取りや保管 ☆児童理解（生徒指導）全体会の提案
2月	☆児童理解（生徒指導）全体会の資料作成の依頼と集約 ☆就学前機関への聞き取りや観察 ☆新1年生についての引継ぎ資料の受け取りや保管
3月	☆各学年のクラス分けに必要な資料の確認と提供 ☆個別の教育支援計画，個別の指導計画の集約と保管 ☆進級時に管理職が同席するケース会議の連絡調整 ☆次年度校内委員会の年間計画の作成 ☆新1年生保護者とのケース会議 ☆入学式についての配慮が必要な新1年生の把握と手立ての共有

> 新1年生に関する情報が次々届きます。管理をしっかりしながら必要な人が必要なときに見られるように整理します。

> 1年のスタートは，もう始まっています。はじめましてを大切にしましょう。

小学校　特別支援教育コーディネーター　12か月の仕事の要所

❶5月　関係機関の一覧や特別支援教育にかかわる手続き集をつくろう

　4月から5月にかけて，特別支援教育にかかわる様々な手続きについて，次々と情報が届きます。昨年度の記録をもとに，必要なものが出そろったところで手続き集にまとめておきましょう。

　各自治体で受けられるサービスが違います。どのようなサービスがあるのか，そのために必要な手続きはどのようになっているのかをひとまとめにして，必要書類の書式とともにいつでも取り出せるようにします。通級による指導の申請の手続き，就学相談の手続き，また，それらの年間の予定なども入れておくと便利です。

　手続き集は，管理職，コーディネーター，学年主任など，校内委員会のメンバーに渡しておきます。本校の手続き集には，「特別支援教育は，夢の種まき」と書いてあります。困ったときにひもとくことが多いのですが，「夢の種まき」と思うことで，前向きな気持ちで取り組めるようにしたいと願っています。

❷1月　情報がコーディネーターに集まる。報告・連絡・相談が大切

　3学期は，学校全体がまとめや次年度の準備で忙しい時期ですが，「つなぐ」ことが役割のコーディネーターにとっても，最も忙しい時期になります。新1年生の情報だけでなく，各学年で支援をしてきた子どもたちの情報も，次の担任につながるよう，気にかけていきます。

　一人ではやりきれません。コーディネーター同士で役割分担をする，引継ぎ日程の計画を教務主任に立ててもらうなどしながら，報告・連絡・相談をより一層密にして乗り切っていきましょう。その先に，子どもたちの笑顔があると思いながら。

校外学習のマナー

1　移動のバスで，仲がよい人の近くに座れなくても文句は言わない。
　……ドンマイ！　他にもたくさん機会はあります。

2　においがしても，失礼なことを言わない。

3　失礼なことを言っている人がいても，☆☆さんが注意しなくて大丈夫です。
　……☆☆さんが，しっかりできていることが大切です。
　　正しい行動をして，他の人のお手本になれるといいですね。
　　注意するのは，先生のお仕事です。

4　作業がうまくいかないときは，「ドンマイ」と小さな声で言ってみよう。
　……それでも難しいときは，「ちょっと手伝ってください」と言ってみよう。

5　順番を大人しく待ちましょう。
　……絶対に☆☆さんの番が来ます。イライラせず，大人しく待ちます。
　　☆☆さんは一度体験したことがあります。静かに，気持ちよく順番をゆずれるとすてきです。

OKワード	NGワード
○「ありがとう」	△「やだ，やらない」
◎「お先にどうぞ」	△「知らない，つまらない」
◎「ちょっと教えてくれますか」	△「どうして私ばっかり」
○「ドンマイ」	×「できないっ！」（脱走）

　どちらを選びますか？　

楽しい校外活動になります。	残念な，つまらない校外活動になってしまいます。

楽しくなるのも，つまらなくなるのも，☆☆さんの言動次第。

☆☆さんならば，正しいマナーとOKワードで，
しっかり校外活動ができると信じています。
よい報告を楽しみにしています。

特別支援教育コーディネーターの仕事は やり遂げた感がすてき

（塩原　亜紀）

仕事のやりがい❶　すてきな先生に出会えること

今から10年ほど前，若い先生がこう言ってきたことがありました。

「この子たちがどう感じ，どう考えているのか，分かりたい」

テストの点数，部活動の成績が至上主義の中学校で，通常の学級における特別支援教育など受け入れてもらえないだろうと嘆く日もあった私は，この言葉に勇気づけられました。「どう感じているのか分かりたい」。その言葉どおりに，この先生はその後，何度も私に尋ね，一緒に考え，実践してきました。今では，若い先生方へ「誰もが居心地のよい学級づくり」について助言するまでになっています。こういった先生の「進化」を見ると，自分のことのように嬉しくなります。

「先生と生徒たちを見ていたら，楽しそうに見えたから」。そう言って，特別支援教育の道へ入ってきて，すてきな実践をしている先生もいます。こういう「仲間」の先生を見ると，やはり嬉しくなります。

あなたが特別支援教育コーディネーターを引き受け，「進化」していく様子を喜んでいる先生がきっといるはずです。

仕事のやりがい❷　明るい未来を知ることができること

実は私，かかわった生徒たちに「私を思い出さないで」と願っています。彼らにとって思春期にあたる中学校時代はつらいことが多いだろうから，そのときに一緒にいた私のことは忘れた方がきっと楽だろうと思うからです。

そんな私でも、「高校で、普通に教室に入って、普通にみんなと話して、部活動まで頑張っていますよ」などと報告を受けると、滅茶苦茶嬉しいです。

「よかった！　お母さんも、○○君も、よく頑張った！　よかった！」と、保護者の笑顔に涙するほどです。

明るい未来の報告は、本人や保護者、そして、一緒に頑張った先生方へのご褒美です。私は、このご褒美を、今かかわっている生徒や保護者への励ましとして、お裾分けしています。明るい未来を知ったとき、今は苦しいところにいる生徒も保護者も少しホッとした表情になります。そんな表情を見ることができたとき、やっぱり嬉しくなり、頑張る勇気がわいてきます。

仕事のやりがい❸　終わりよければ全てよし！

行事が終わったときの達成感は教師ならば誰でも味わうことでしょう。もちろん私もその一人です。

「やり遂げた！」「何事もなかった」「参加できた！」──どのようにすれば参加できるか、どの部分ならば参加できるか、生徒や保護者と相談を重ね、学年や学級の先生方の理解を得、周知して…時間をかけて丁寧に段取ってきたことが形になったとき、それはまだゴールではありません。当日、何が起こるか分からない、心がどう反応するか分からない、そして、最大の敵「時間」。そんなドキドキとイライラを経て、行事が終わり、満足げな顔で帰って行く生徒を見たとき、私も達成感を得ます。

なかには、疲れ果て、顔を上げることもできずに帰って行く生徒もいます。でも、振り返りに「自分なりにやれることはやった。参加できてよかった」と書いてあるのを見ると「でしょ」とニンマリしてしまいます。

はじめて先生へのエール

はじめて先生へエールを送る前に，尋ねたいことがあります。

「コーディネーターに向いている人って，どんな人だと思いますか？」

自分なりの答えをもちながら，考えながら，読み進んでいただければと思います。

❶ネットワークをもとう！

教員という職業に「異動」はつきものです。新しい学校で，新しいやり方の中で困ったとき，あなたを助けてくれるのは「ネットワーク」です。一度もったネットワークは，よそへ行っても使えます。

ここまで読んで，「もつ？」と思った方へ。そうです。「つくる」のではなく，「もつ」のです。網を張るのは大変です。一朝一夕にはできません。でも，支援策を考える過程で，「こんな力，こんな人がほしい」「こんなことができるところがあれば」と思いつくことがありませんか。コーディネーターは初めてでも，何年か教員をやっていれば，それがどこで，誰か，どんな機関か思い浮かぶと思います。ひらめきがあれば，必要な力（人）が見えてきます。そうしたら，あとは，軽いフットワークでつながりましょう。具体的に分からない場合は，もっている人＝先輩の力を借りましょう。

私の言うネットワークは網ではなく，「結び目」です。この結び目を見付けられる力，結び目を強くする力がある人は，きっと大丈夫です。

❷そこに合ったやり方で

「異動」は「憑き物」と書いてよいくらい，全精力を吸い取られます。特に，自治体を超えての異動は風土や風習の違いに泣きそうになります。泣きそうになるのは，今までの自分のやり方を押し付けているからだと気付くまでには，少し時間がかかりました。その学校にはその学校の歴史があります。地域の環境が違えば，先生方の経験と理解も違います。同じやり方が通用し

ないのは当たり前です。

　二毛作ができる土地もあれば，休耕することで作物の育ちがよくなる土地もあります。土によって耕作方法を変えるように，学校の風土に合わせてコーディネーターの動きや年間計画をアレンジしていく必要があります。その際，その学校のツボを見極めましょう。校内外のキーパーソンは誰だろう，どうすれば，すてきな特別支援教育の花が咲くのか，土と光を見て，手を加える作業を楽しみましょう。

❸あなたのやり方でいこう

　コーディネーターが，支援すべき対象に直接かかわらなくてもよいと，私は思います。生徒にも，担任の先生にも，ジワリジワリと間合いを詰めていき，「最近どうですか？」と声をかけたり，「こんな方法あるみたいですよ」と新任コーディネーター研修等で聞いてきたことを伝えたりする方法もあります。そういうことを重ねることで，そんなあなたに気付いた人が，あなたのもとへ寄ってきます。

　「専門知識も経験もないから」なんて言わないでください。声高に特別支援教育を説くのではなく，種をまき，風をつくる人になれればよいと，私は思います。

　冒頭の問いに答えましょう。

　あえて言うとするならば，「向いている人」なんていないのです。
　あなたが，あなたの方法で，コーディネーターになっていけばいいのです。

中学校　特別支援教育コーディネーター　12か月の流れ

☆「生徒支援会議」毎月１回開催。
　支援目標，誰が，どこで，どうかかわるか（支援）などの方針を明確にする。
　記録を学年ごとに回覧し，支援方法を周知する。

月	内　　容
4月	・新入生の情報共有（4/2職員会議） ・配慮を要する生徒の引継ぎ（個別の指導計画の活用）　← p.18～で詳しく ・生徒理解研修…配慮と支援の確認（4/21職員会議） ・家庭訪問で保護者のニーズなどの聞き取り（4/28～5/9）
5月	・配慮生徒の実態把握…チェックシートなどの活用（5/2学年会） ・小学校との情報交換（5/8） 　新しい環境で生徒がどう生活しているか，引継ぎ事項がうまく機能しているかを中学１年生の授業参観を通して，小学６年生時の先生方に見てもらいます。 ・「個別の指導計画」の作成について（5/28職員会議）
6月	・第１回校内教育支援委員会（6/12） 　特別な支援を必要とする生徒に対する支援方法・支援形態についての検討 　「個別の指導計画」作成 　「教育支援」まで，幅を広げた会議です。中学校生活に慣れてきた１年生を，どう支援していくかを検討します。
7月	・個別懇談等での保護者を交えた支援会議（教育支援） 　p.19で詳しく
8月	・長期休業明けの生徒理解 …職員会議にて（8/26） 　夏休みの課題や部活動に適応できなかったり，生活リズムが変わって学校リズムに戻れない等，気になる生徒の情報を共有します。

*この年間計画は，学校全体が「チームとして動けていた」学校のものです。当時の学校課題は学区内の小学校との共通課題「すべての生徒がわかったという実感がもてる授業づくり～通常の学級における特別支援教育の実践研究～」でした。

9月	• 第2回校内教育支援委員会（9/11） 　個別の指導計画の評価と見直し 　対象となった生徒の保護者に教育支援を行った結果のまとめ→市審議対象 　生徒の決定 　支援体制の確認
10月	• 市教育支援委員会資料作成
11月	• 授業研究会（11/17） 　すべての生徒がわかったという実感がもてる授業づくり 　　　特別支援教育の視点から，参考に 　　　なりそうなことを提案します。
12月	• 個別の指導計画の評価と見直し（12/1学年会）
1月	• 授業研究会（1/26） 　すべての生徒がわかったという実感がもてる授業づくり • 学校評価（年度末反省）
2月	• 新入生保護者の相談受け付け（2/10新入生説明会） 　　　事前に，小学校のコーディネーターから保護者へ，「中 　　　学校のコーディネーターに会っておくといいですよ」と 　　　声をかけてもらっておくと，つなぎがスムーズです。
3月	• 個別の指導計画の評価と見直し（3/2学年会） • 引継ぎ資料の作成　　　中学3年生は，進学先への引継ぎがあります。 　　　　　　　　　　　　本人，保護者の思いをよく聞き取って継続した 　　　　　　　　　　　　よりよい支援ができるようにしましょう。 　　　　　　　　　　　　具体的な支援方法を伝えると，進学先でも対応 　　　　　　　　　　　　がしやすく，生徒の適応も良好です。 • 小学校の聞き取り（3/23）　p.18～で詳しく

中学校　特別支援教育コーディネーター　12か月の仕事の要所

　私が考えるコーディネーターの仕事は，特別支援教育の「宣伝（広報）」と「実務」の２つに分けられます。ここでは，この２つの視点からポイントを紹介します。

❶年度はじめへ向けて

　年度はじめは４月なのですが，新しい学年の実務は３月から始まっていると思いませんか。コーディネーターの仕事も同じです。

　３月に行われる小学校との引継ぎは，「個別の指導計画」を中心に行います。事前に小学校から「個別の指導計画」を送ってもらい，目を通しておくと聞くべきポイントが分かって引継ぎが深まります。また，引継ぐ人数が多く，担任のみで引継ぎをする場合にも，「ここを聞いておいてください」とお願いすることもできます。「個別の指導計画」は全てのことが網羅されている反面，伝えるべきことが伝わりにくいこともあります。聞くべきことが聞ける「引継ぎシート」など，メモができる形式のものを用意しておくとよいでしょう。

　４月の職員会議では，この引継ぎで聞いた内容を周知しましょう。春休みの職員会議は内容が盛りだくさんすぎて聞きもらす恐れがあります。一覧表にまとめたものを提示し，始業式後，即対応が必要な生徒を中心に説明しましょう。「面倒くさいな」「厄介だな」と思われたら残念です。温かい目で見てもらえるように，どんな大変なケースも笑顔で，穏やかに，そして，ポイントを絞って伝えましょう。詳細を伝えるのは，４月の下旬に行われる定例の職員会議でよいと思います。この頃には，生徒も姿が明確になり，先生方も聞きたい情報が明確になり，聞く耳が大きくなっていることでしょう。

　年度はじめへ向けて，コーディネーターが一番目を光らせたいこと。それは，クラス替えです。私は，どの学年主任にも，学級編成作業日を聞き，「声かけてね」とお願いしています。配慮を要する生徒たちが生きやすい学

級かどうかをチェックするためと，今後，どんなことが懸念されるかを把握するためです。チェックポイントはメンバー，そして，その構成員をまとめる担任の先生です。配慮を要する生徒と担任の先生の相性も大切ですが，それ以上に，そのクラスをもったとき，どんな学級になるのかを想像し，支援策などを学年主任の先生へ伝えることが大切です。

❷行事などの前

　学校行事の前には，どのような配慮を要するのかを先生方へお知らせしています。その際，「どこで」「誰が」「どのように」支援するのかを明確にしています。一覧表にしておくと，当日までに目を通し，先生方にシミュレーションしてもらうことができ，いざというときに「知らなかった！」という事態を回避できます。

　生徒へは，当日の日程だけでなく，その行事に至るまでにどのようなことがあるかを説明します。体育祭，文化祭までには，準備期間があり，「日課変更」「授業変更」といった魔物が潜んでいるからです。活動内容によっては，適応が難しい場面が予想されるときは，p.11の資料のようなプリントを本人に渡します。職員会議や朝の打合せなどで，「こんな指導をしていますよ」というお知らせをし，先生方に理解してもらうことも大切です。

❸保護者面談，夏休みなどを利用して

　保護者面談の際に，「○○さんのとき，一緒にいてもらえますか」と声をかけてくれた担任の先生がいました。「気になる子なので，『相談できますよ』と紹介したいんです」と理由を説明してくれました。私から言い出せなかったので嬉しくもあり，恥ずかしくもありました。次年度，入学してくる「気になる子」についても，小学校のコーディネーターと連携して，入学前に保護者や本人と顔合わせ（面談）をするように心掛けています。

CONTENTS

はじめに　　002

特別支援教育コーディネーター
＼＼先輩教師からのエール & 12 か月の仕事の流れ例／／

小学校

特別支援教育コーディネーターの仕事は
**つながりをつくれることが
すてき**

004

（吉成　千夏）

中学校

特別支援教育コーディネーターの仕事は
やり遂げた感がすてき

012

（塩原　亜紀）

第1章　4月
コーディネーターになったら

1　コーディネーターの仕事を知ろう ……………………… 026

2　昨年までの記録を確かめよう ………………………… 028

3　校内委員会はどうなっているのかな ………………… 030

4　準備しておくとよいものは ……………………………… 032

5　関係機関と連携するとは ………………………………… 034

第2章　5月
校内委員会を運営しよう

1　改めて，校内委員会って何だろう ……………………… 038
2　どのような開催の仕方があるかな ……………………… 042
3　スムーズな運営のために ………………………………… 044
4　「会議の見える化」にチャレンジ ……………………… 046
5　校内委員会が終わったら ………………………………… 048
6　校内委員会の実際①　特別支援教育全体会を開こう ………… 050
7　校内委員会の実際②　必要な支援を検討しよう ………… 052
8　校内委員会の実際③　行事に向けた支援を検討しよう ………… 054
9　校内委員会の実際④　中学校では ……………………… 058

第3章　5・6月
周りの人とつながろう

1　担任とかかわろう ………………………………………… 062
2　養護教諭とかかわろう …………………………………… 064
3　スクールカウンセラーとかかわろう …………………… 066
4　特別支援教育支援員とかかわろう ……………………… 068

5 特別支援学級の担任とかかわろう 070

6 通級担当教員とかかわろう 072

7 教科担任制（中学校）をいかしてかかわろう 074

8 管理職とかかわろう 076

9 子どもとかかわろう 078

10 ケース会議でつながろうⅠ 080

11 校内でのケース会議の実践例 082

第4章　7・8月
特別支援教育・障害への理解を深めよう

1 研修の機会の充実を図ろう 086

2 校内研修を企画しよう 088

3 外部から講師を依頼するときに 090

4 校内研修の実践例 092

5 アセスメントについて知ろう 094

6 検査について知ろう 098

7 個別の教育支援計画について知ろう 102

8 個別の指導計画について知ろう 104

9 居住地校交流について知ろう 106

10 合理的配慮について知ろう 108

第5章 9・10月
関係機関とつながろう

1 学校外で連携できる関係機関を確認しよう ……………………………… 112

2 関係機関の助言を受け，支援を見直そう ……………………………… 114

3 医療機関とつながろう ……………………………………………………… 118

4 次の学びの場につなぐときに気を付けること ………………………… 120

5 ケース会議でつながろうⅡ ……………………………………………… 122

6 ケース会議の実践例① 放課後等デイサービス事業所
　　　　　　　　　　　　との連携 ……………………………………… 124

7 ケース会議の実践例② 小学校から中学校への引継ぎ ……………… 126

8 ケース会議の実践例③ 医療機関との連携 …………………………… 128

9 ケース会議の実践例④ 入院していた子どもの
　　　　　　　　　　　　復学支援会議 ………………………………… 130

第6章 11・12月
保護者とつながろう

1 「保護者に対する相談窓口」としての役割を考えよう …………… 134

2 保護者の思いを受け止めよう ……………………………………………… 136

3 保護者との橋渡しをしよう ………………………………………………… 138

4 周囲の保護者への理解啓発を図ろう …………………………………… 140

第7章　1・2月
1年のまとめをしよう

1　個別の教育支援計画・個別の指導計画をまとめよう ⋯⋯⋯⋯ 144

2　効果的だった支援ツール ⋯⋯⋯ 146

3　支援の成果と課題を共有しよう ⋯⋯⋯⋯ 148

4　資料の引継ぎをしよう ⋯⋯⋯⋯⋯ 150

第8章　3月
次年度の準備をしよう

1　就学時健診から次年度の準備をスタートしよう ⋯⋯⋯⋯⋯ 154

2　幼保小の連携を進めよう ⋯⋯⋯⋯ 156

3　就学前機関からの資料を活用しよう ⋯⋯⋯⋯ 158

4　進学時の引継ぎに参加しよう ⋯⋯⋯⋯ 160

5　入学前にできることは ⋯⋯⋯⋯⋯ 162

6　教育計画にも特別支援教育のページを ⋯⋯⋯⋯ 164

7　チェックシートで学校体制を見直そう ⋯⋯⋯ 166

執筆者紹介　　174

4月
コーディネーターに
なったら

まずは，仕事内容をおおまかにつかみましょう。

1 コーディネーターの仕事を知ろう

コーディネーターとしていったいどんな仕事があるのか，まずはそれを確認しておくことで，コーディネーターの仕事が少しずつ見えてきます。

(本多　秀年)

特別支援教育コーディネーターの役割は

「特別支援教育コーディネーター（以下"コーディネーター"とする）に指名されたけれど，いったい何をやればよいのだろう」

そんな思いをもつ方が多いのではないでしょうか。文部科学省よりコーディネーターの役割が示されています。(参考：文部科学省『小・中学校におけるLD（学習障害），ADHD（注意欠陥／多動性障害），高機能自閉症の児童生徒への教育支援体制の整備のためのガイドライン（試案）』平成16年1月)

❶校内の関係者や関係機関との連絡調整

- 校内の関係者との連絡調整
- 関係機関との連絡調整
- 保護者と学校の関係づくり

❷保護者に対する相談窓口

- 保護者の気持ちの受け止め
- 保護者と共に考える対応策
- 保護者への支援体制

❸担任への支援

- 担任の相談から状況を整理する
- 担任と共に行う児童生徒（以下"児童等"とする）の理解と支援体制

❹巡回相談や専門家チームとの連携

- 巡回相談員との連携
- 専門家チームとの連携

❺校内委員会での推進役

- 校内委員会での役割
- 校内の状況の把握と情報収集の推進
- ケース会議の開催と校内委員会
- 個別の教育支援計画の作成に向けて
- 校内委員会での個別の指導計画の作成への参画
- 校内研修の企画と実施

チームで取り組むコーディネーター

　こんなにたくさんの役割をこなせるかなと，不安に思われる方もいるでしょう。コーディネーターの仕事は一人で全てをやるとなると，もちろん大変なことです。コーディネーターは，たくさんの情報を必要としている人につなげることが仕事と考えてはどうでしょう。校内には素晴らしい人材がたくさんいます。その方々を頼ることも大切な仕事です。

　まずは，自分の中でチームをつくってみませんか。頼れる人は誰だろう。頭の中に浮かんでくる顔がたくさんあるのではないでしょうか。そんな方々に，聞いたりお願いしたりしながら進めていきましょう。人や機関をつなげることができるとよいでしょう。

2 昨年までの記録を確かめよう

今までの記録を確かめることで，何をすればよいか，どうすればよいかの手掛かりがきっと見付かります。

（本多　秀年）

記録を見たくても他人が整理したものは見付けにくいことがよくあります。どこにあるのか，どんな記録があるのか確認していきましょう。

記録はどこにあるだろう

❶探してみよう

まずは，電子データを見てみましょう。特別支援教育に関するフォルダが見付かると思います。その中から，コーディネーターの仕事に関するものを探してみましょう。

また，紙媒体で保存されているものもあるでしょう。ファイリングボックスなどを覗いて，記録ノートや提出書類など様々な資料を見付けましょう。

❷誰に聞くといいかな

前項で紹介したチームを頼ってみましょう。「○○はどこにあるか」「どんな資料を使ったのか」などを聞いてみると見付けやすいです。まずは，昨年度のコーディネーターに聞いてみましょう。また，校内委員会のメンバーや教務主任，生徒指導主事，管理職も頼りにできそうです。特に管理職は，これから特別支援教育を進めていく上で，いろいろ協力を求めることが多くな

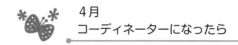
ります。ぜひたくさん声をかけていきましょう。

どんな記録があるだろう

❶校内委員会

　校内委員会のメンバー，年間計画，記録，各回の次第などがあると，校内委員会の進行に大きく役立ちます。

❷児童等の記録

　今まで話合いに名前の出ていた児童等の一覧表があると，分かりやすいです。それぞれの児童等の個別の教育支援計画や個別の指導計画も必要です。入学前の施設からの引継ぎ資料もあります。全員ではないかもしれませんが，WISC-Ⅳなどの検査結果や検査所見もあります。また，ケース会議などの記録も見てみましょう。

❸研修会

　特別支援教育の研修会の資料です。研修会の内容，時期や時間，招いた講師の名前などを確かめておきましょう。そのときの「講師依頼書」「講師料」「領収書」などがあれば，今年度に応用できます（研修会の具体的な実践例については，第4章4を参照）。

❹提出書類

　各自治体へ提出する書類を確認しておきましょう。対象となる児童等について提出するものがあります。教育課程，個別の教育支援計画，個別の指導計画は必須です。研修会を開催するにあたり講師を招く場合は，講師料の請求が必要です。特別支援教室の利用申請にも，書類が必要です。昨年の資料を参照するとともに，教育委員会にも確認するとよいでしょう。

3 校内委員会はどうなっているのかな

校内委員会の構成メンバーや活動計画を確認しておくと，自分の役割や活動内容の見通しをもつことができます。

（青木美穂子）

教育計画で確かめよう

前項でも触れましたが，校内委員会については，早めに確認しておきましょう。

校内委員会の名称は，「特別支援委員会」「校内支援委員会」など，学校によって様々です。校務分掌上の位置付けや構成メンバーも学校によって異なるので，教育計画や校務分掌の組織図などで確認するとよいでしょう。

❶構成メンバーは

校内委員会の構成メンバーは，管理職，コーディネーター，主幹教諭，指導教諭，通級担当教員，特別支援学級担任，養護教諭，対象の児童等の学級担任，学年主任などが考えられます。学校の規模や実情に応じて，全校的な教育支援体制をつくるために必要な者を校長が判断した上で構成委員とすることになっています。必要に応じて，スクールカウンセラーや外部の関係者が入ることもあります。

❷校内委員会の企画や運営は

教育計画の中で校内委員会の開催をあらかじめ設定している学校と，その

都度必要に応じて開催する学校があります。教育計画や月行事予定などで校内委員会の開催が定期的に設定されているか確認しましょう。

　定期的に設定されていない場合は，短時間でよいので行事予定に入れてもらえるよう，管理職や教務主任に相談するとよいでしょう。いろいろな行事や会議が設定される中，後から校内委員会の日程を調整するのは結構負担になります。あらかじめ計画の中に入れてもらうことで，見通しをもつことができます。

早期に第1回の校内委員会を

　校内委員会は，コーディネーターが中心となって企画・運営することになりますが，一人で抱え込まないで，うまく分担して運営するためにも，第1回目の校内委員会を早い時期に開催し，年間の予定や役割分担について確認できるとよいでしょう。

第1回　校内委員会　（例）

○校内委員会の組織

○年間予定

4 月	組織，役割分担　　年間予定	
5 月	支援が必要な児童の把握	全体会　5/16
6 月	「個別の教育支援計画」「個別の指導計画」	（司会：　準備：　）
7 月	就学相談が必要な児童の把握	研修会　8/26
8 月	校内研修	（司会：　記録：　）
9 月	休み明けの実態把握	
10月	個別の指導計画の見直し・修正	（依頼・集約：　　）
11月		

4　準備しておくと よいものは

年間を通して，いつどんな準備をすればよいかを心づもりしておくと，慌てずに
必要な情報を整理することができます。

（本多　秀年）

計画を立てるもの（年度当初）

❶校内委員会の年間計画

　年度当初に，計画しておくとよいことが「校内委員会の年間計画」です。
コーディネーター自身だけでなく，校内の先生方も年間の見通しをもつこと
ができます。この計画は，もちろんコーディネーターが自分で考えてもよい
のですが，まずは昨年の記録を探してみましょう。それを提示して，校内委
員会で検討することで，委員一人一人の意識も高くなります。

❷ケース会議等の計画

　ケース会議は，定期的に行うよりも何か検討事項が発生したとき，不定期
に行われることが多くあります。そのことを教務主任と確認しておくと，い
ざというときに時間を確保しやすくなります。

対象となる児童等の資料（4〜5月頃）

❶対象となる児童等の一覧表

　昨年度支援をしてきた児童等の一覧表があると，新年度の会議の進行や通

常の学級担任の学級経営にも見通しがもてます。旧担任に支援をしてきた児童等の名前を書き出してもらうと，整理しやすいです。旧担任が異動した場合には，昨年度の記録を確認してみましょう。

❷個別の教育支援計画，個別の指導計画

　個々の資料として重要なものが，個別の教育支援計画と個別の指導計画です。これらは，５月上旬を目途に学級担任が作成します。昨年度の計画が参考になるので保管場所を確認しておきましょう。また，１年生など新規に作成する場合もあるので，それぞれの様式の原本も用意しておくとよいです。

就学相談に関すること

　児童等の状況によっては，通級による指導を利用したり特別支援学級・特別支援学校への転学を勧めたりする場合があります。６年生では，中学に向けて就学相談が必要になる場合もあります。就学相談への申し込みは保護者が行いますが，まずは校内委員会で新たな教育の場を勧める必要があるかを検討しましょう。保護者への説明は，前向きな表現で慎重に行うことが重要です。子どもの状況を客観的に把握するために，知能検査が必要になる場合もありますので，教育委員会に協力を仰ぎましょう。

　就学相談の進め方は，自治体によって多少の違いはありますが，まずは保護者が申し込むことから始まります。具体的なことは，管理職又は自治体の就学相談係に問い合わせてみましょう。

　申請しても，すぐに決定するわけではありません。知能検査，行動観察，医師の診察，学校からの実態調査票などの資料を集め，就学支援委員会が行われます。就学支援委員会での所見をもとに保護者と話し合い，児童等の学ぶ場が決まっていきます。かなりの月数がかかるため，申し込みは早めに行えるように準備を進めましょう。

関係機関と連携するとは

関係機関にはどんなものがあるのか，誰がどうやってつなぐとよいのか，コーディネーターとしての大切な仕事について押さえます。

（本多　秀年）

学校外の機関とつながろう

　支援を必要とする児童等は，いろいろな機関と関係をもっている場合が多くあります。健康上の問題や発達の問題では病院，発達の相談や指導については療育や放課後等デイサービス，就学前に通っていた幼稚園や保育園，発達支援センター，家庭の状況によっては児童相談所，学校の送迎にかかわる移動支援，学童保育などがあります。必要がある場合には，それらの機関と連絡を取ってみましょう。はじめの連絡は，管理職にお願いするとよいです。その際は，必ず保護者の承諾を忘れないようにしましょう。また，保護者も交えた支援者会議が開かれることがありますので，学校からもコーディネーターだけでなく，担任などの関係者も積極的に参加しましょう。

❶行動の背景を知るために

　自治体によって専門家による巡回指導が行われているところがあります。専門家との日程調整，資料の準備，当日の進行など，コーディネーターが行う場合が多いです。日程調整など，教務主任や管理職にも協力してもらいながら計画していきましょう。

❷校内で特別支援教育研修会を開催するために

　特別支援教育について，講師を招いて校内で研修会を行っているところが多いです。講師は毎年決まっている学校もありますが，新しく講師を見付ける場合には，特別支援学校のコーディネーターに相談してみると，いろいろな方を紹介してもらえます。

特別支援学校との連携を進めよう

❶居住地校交流を計画しよう

　居住地校交流とは，特別支援学校の小・中学部に在籍する児童・生徒が，居住する地域の小・中学校に副次的な籍をもち，様々な交流を通じて，互いにつながりを深めていく活動です。特別支援学校と連絡を取りながら，それぞれの学校の実態に応じて，無理のない範囲で計画をしていきましょう。

❷センター的機能を活用しよう

　特別支援学校にはセンター的機能という役割があり，小・中学校とのかかわりがとても身近になっています。具体的には，「小・中学校等の教員への支援機能」「特別支援教育等に関する相談・情報提供機能」「障害のある幼児児童生徒への指導・支援機能」「小・中学校等の教員に対する研修協力機能」があります。日常の支援等についての指導・助言や，研修協力などで，たくさんの協力を得ることができます。ぜひ，気軽に連絡を取ってみましょう。

第2章

5月
校内委員会を
運営しよう

校内委員会を企画・運営するために必要なことを確認しましょう。

1 改めて，校内委員会って何だろう

まずは，校内委員会の役割について，根拠となるものをもとに理解することで，全体像をつかみます。

（吉成　千夏）

校内委員会の役割を知ろう

❶根拠とともに確認しよう

　様々な情報がありますが，それらの根拠になっているものを知っておくと安心です。『特別支援教育の推進について（通知）（平成19年文部科学省）』に

> 3．特別支援教育を行うための体制の整備及び必要な取組
> 　(1)特別支援教育に関する校内委員会の設置

とあります。

　校内委員会は，特別支援教育に組織的に取り組むための中核となる会議です。学校によって，「特別支援委員会」「支援委員会」「校内支援委員会」など，様々な名称が使われています。

　似た名称のものに「ケース会議」や「支援会議」があり，これらは，個別に具体的な支援内容を検討する会議で，校内委員会に付属して行われる会議です。

　さらに，『発達障害を含む障害のある幼児児童生徒に対する教育支援体制整備ガイドライン（平成29年3月文部科学省）』（以下，"ガイドライン"と

表記）では，校長（園長を含む）用に，「2．校内委員会の設置と運営」の項目があります。具体的に何をするのかを知る手掛かりになります。

　それでは，この項目をもとに確認してみましょう。

❷校内委員会の役割　位置付けは？

---

(1)校内委員会の役割の明確化と支援までの手順の確認

　校内委員会は，下記の役割を担います。

○児童等の障害による学習上又は生活上の困難の状態及び教育的ニー
　ズの把握。

「障害による」と書かれています。

　学校には，様々な困難を抱えている児童等がいます。それが，障害によるものなのかそうでないのかを判断することはとても難しいです。また，学校には，いじめに関する委員会や生徒指導部会，不登校対策委員会など，気になる児童等の実態把握や支援を検討する会議が複数あります。それぞれの会議の役割はどうなっているのかを確認しておきましょう。

　中学校では，校内委員会が，生徒指導の中の教育相談に位置付けられていたり，学年主任がコーディネーターを務め，学年会を中心とした校内委員会を開催したりしている例もあります。

　いずれにせよ，校内の位置付けは，コーディネーターだけでなく，生徒指導主事など，それぞれの会議のリーダーの方と確認することが大切です。学校運営にかかわる会議で確認してもらうこともおすすめです。

❸校内委員会の役割　構成メンバーは？

　ガイドラインには，校内委員会の役割として，さらに，次のように書かれています。

○教育上特別の支援を必要とする児童等に対する支援内容の検討。

（個別の教育支援計画等の作成・活用及び合理的配慮の提供を含む。）

○教育上特別の支援を必要とする児童等の状態や支援内容の評価。

○教育上特別の支援を必要とする児童等を早期に発見するための仕組み

作り。

　校内委員会で取り組む児童等への支援までの手順が，

支援を必要とする児童を早期発見する仕組み作り→状態の把握→支援内容の検討→状態や支援内容の評価と示されています。

　これらに取り組むためには，どのような構成メンバーが必要でしょうか。

　前述したように，校長の役割の中に，校内委員会は書かれています。やはり，校内委員会は，校長や副校長（教頭）の参加のもとに行われる会議の一つだと考えます。どうしても難しい場合は，校内委員会を開く前に内容について相談をすること，終了後に詳しく報告し，了解していただくことは必要です。

　コーディネーターの他には，主幹教諭が入ると，学校全体の取り組みにしやすいです。特別支援学級や通級指導教室が設置されていれば，その担任や担当者が入ることで，子どもの見方が広がります。そして，子どもをよく知る学年主任や専科主任，養護教諭が入ることで，情報が集めやすくなります。学校の規模や特徴によりますが，これらのメンバーで構成されていることが多いようです。中学校も同様ですが，学年会でより多くのことが検討されます。コーディネーターは相談の窓口や情報の交通整理に徹していることもあるようです。

　毎回参加する構成メンバーの他に，該当する児童等の担任やスクールカウンセラー，特別支援教育支援員など，そのときに必要なメンバーが加わることもあります。

　大切なことは，コーディネーターが一人で進めていくのではなく，メンバ

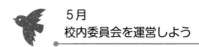

――一人一人が自分の立場から何ができるのかを考え，皆で知恵を出し合う雰囲気をつくることだと思います。そのための手立てや実践例は，この後の項目を参照してください。

❹まとめ

校内委員会の役割は，他にもガイドラインに書かれています。

> ○障害による困難やそれに対する支援内容に関する判断を，専門家チームに求めるかどうかの検討。
> ○特別支援教育に関する校内研修計画の企画・立案。
> ○必要に応じて，教育上特別の支援を必要とする児童等の具体的な支援内容を検討するためのケース会議を開催。
> ○その他，特別支援教育の体制整備に必要な役割。

校内委員会で検討されたことは，学校全体の取り組みになります。学校というチームで取り組むことで，昨日まで一人で悩んでいたことが，チームとしての課題になるのです。それこそが校内委員会の肝だと言えます。「一人で悩まずに校内委員会に出してみようかな」。そう思える教師が一人でも増えるよう，できることを見付けていきましょう。

2 どのような開催の仕方が あるかな

様々な開催の仕方を知り，実情に合わせて校内委員会を開催します。

（吉成　千夏）

あらかじめ，年間予定に日時が設定されている場合

❶月1回の開催

　働き方改革など，会議を精選することが求められているので，職員会議の後に行う，いじめに関する委員会に続けて校内委員会を行うなど，集まりやすくする工夫をしていることも多いです。通級による指導を申請したり転学についての就学相談に申し込んだりする際，校内委員会で作成した資料が求められることがあります。校内委員会の年間予定を作成し，先を見通した計画を立てておくとスムーズです。緊急性がある場合は，臨時で開催すればよいので，あまり難しく考えずに計画を立てましょう。

　取り扱う内容が多いと，コーディネーターの説明が長くなりがちです。参加者が自分事として捉え，それぞれの立場から知恵を出し合う雰囲気をつくるためには，できるだけ多くの人に発言してもらえるようにしましょう。

❷週1回の開催

　少ない構成メンバーで，毎週決まった時間に校内委員会を開催する方法です。中学校では，メンバーの授業がない時間を調整し，月曜日の3時間目など，時間割の中に組み込んで行うことも多いです。メリットは，取り扱う事

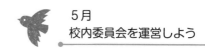

案やケースが少なくなるので，短時間でできることです。小学校でも放課後，15分か20分で毎週行っているという学校がありました。やはり，ここでもコーディネーターがあらかじめ内容を整理しておくことが，スムーズに行うために必要です。

その都度，日時を設定する場合

❶学級担任などのニーズによって

　子どもの困難な状態に気付きやすい担任などからの申し出で，校内委員会を設定する場合です。まずは，管理職の先生の出席可能な日を複数挙げてもらい，その後教務主任に会議設定の調整を依頼するとよいでしょう。全員そろうことは難しい場合もありますが，あまり先延ばしにならないようにします。ここでも担任と一緒に子どもの情報を整理し，準備をしておきます。校内委員会で検討するケースについては，共通理解をしておくことが必要です。学年会で検討してから校内委員会にあげるなど，組織的に支援を検討する仕組みをつくっていきましょう。

❷コーディネーターのニーズによって

　障害による困難のある児童等に早期に気付くための取り組み，個別の教育支援計画や個別の指導計画の作成について，校内研修の企画など，コーディネーターがたたき台を作成し，話し合ってもらうために開催する校内委員会もあります。こちらは検討すべき時期の見通しがもてるので，運営委員会の議題に入れてもらうなど，実情に合わせ，無理なく開催する工夫ができるとよいと思います。

　校内委員会は，特別支援教育の中核となる会議です。やはり年間予定に組み込まれていると見通しがもちやすいです。教務主任に相談し，あらかじめ設定してもらえるよう働きかけていきましょう。

3 スムーズな
運営のために

校内委員会を実施する前に，チームのメンバーとつながり，それぞれの役割を確認してからスタートするとスムーズな運営につながります。

（石田　弥恵）

対象の子どもを一覧表にまとめてみよう

　新年度が始まって１か月を過ぎると，校内で気になる子どもたちの話が聞こえてくるようになります。校内委員会も本格的に始動させていく時期となり，「支援が必要な子どもの把握」を行う学校が多いでしょう。そこで，第１章２「昨年までの記録を確かめよう」の作業をし，昨年度，支援対象であった子どもの一覧表を今年度版に整理していきましょう。既に一覧表がある場合は，学年・組を変更し，新入生と転入生の情報を追加します。一覧表がない場合は，引継ぎシート・個別の教育支援計画・個別の指導計画の有無，通級指導教室（特別支援教室など）・スクールカウンセラー・医療機関・療育機関などの利用の有無，発達検査などを項目にするとよいでしょう。

R○年度　特別支援教育　対象児童の一覧表 ㊙								R○年5月現在	
年－組	氏名	就学支援シート	個別の教育支援計画	個別の指導計画	通級・支援教室	スクールカウンセラー	医療・療育	発達検査	備考
1－1	I.Y	○					Aクリニック	田中ビネー	
2－2		○	○	○	支援教室	○	発達センター	WISC-Ⅳ	
2－3	Y.T					○		WISC-Ⅳ	保健室登校

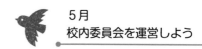
担任，学年主任，専科教員，養護教諭と話をしよう

　一覧表ができたら，それぞれの子どもにかかわっている教員に話を聞いて，現状を把握します。次回の校内委員会に参加する方には，特に気になる子どもの具体的な話（「クラスが替わって，けんかが増えた」「図工室での授業だと，落ち着かない」「保健室では読書をよくしている」）をしてほしいと伝えておきましょう。また，担任，専科教員に，教室での子どもの様子を見せてもらうことをお願いします。コーディネーターが学級担任の場合，様子を見に行く時間はなかなか取れないため，朝会・集会や休み時間なども有効に活用し，対象の子どもの名前と顔を一致させるくらいでも構いません。

校内委員会の次第を作ろう

❶他のコーディネーター，管理職と事前打合せ

　校内委員会1週間前には会の次第を作成し，複数指名されている場合は他のコーディネーターと会の流れの確認をしましょう。そこで司会や記録を分担し，一覧表に挙がっていない気になる子どもが他にいないかも話をしておきます。また管理職とも事前打合せを行い，学校全体の充実した取り組みにつなげます。

> R○年度　第2回　校内委員会　次第
>
> R○年5月23日（月）　15：15〜15：45
> 　　　司会：　　　記録：
> ○参加者：管理職，生活指導主任，学年主任，養護教諭，スクールカウンセラー，巡回指導教員，コーディネーター
> ①コーディネーターより
> 　「支援が必要な児童の把握」別紙参照
> ②担任，専科，養護教諭より
> ③スクールカウンセラー，巡回指導教員より
> ④次回の確認　6月20日（月）15：15〜
> 　「個別の指導計画」「個別の教育支援計画」
> ⑤管理職より

❷スクールカウンセラー，特別支援学級担任，通級担当教員に見立てを依頼

　会に参加可能なスクールカウンセラー，特別支援学級担任，通級担当教員などに特に気になる子どもの観察と見立てを依頼し，今後の支援のきっかけを探りましょう。校内委員会のスムーズな運営には多くの人の「つながり」が必要になります。この「つながり」を少しずつ増やしていきましょう。

4 「会議の見える化」に チャレンジ

話合いを「見える化」し，全員参加の会議を目指すことが，チームで支援をすることにつながります。

（吉成　千夏）

話合いを「見える化」すると

　話合いで出た意見を参加者に見えるように一つ一つ書くことで，いつでも確認したり比較検討したりしやすくする会議の進め方です。

❶見える化の手順

　子どもにかかわる人が，思いつくままにその子にかかわる情報を挙げていきます。それをホワイトボードや紙に全て記録していきます。より多くの情報をその場で見ながら確認することで，状況を整理したりその子への理解を深めたりすることができます。最後には，誰が，いつまでに，どのように支援をするのか，当面の方針を確認して終わりにします。

　参加者が，話し合った内容を共通理解し，共通認識がしやすいというメリットがあります。

❷準備や記録が簡単にできる

　かかわる人が集まればすぐにでき，ホワイトボードや大きめの紙があれば事前の準備がほとんどいりません。また，話合いが終わった後に，紙に書いたものはもちろん，ホワイトボードに書いた場合にも，写真を撮り印刷すれ

ば，そのまま記録にすることができます。

❸全員参加の話合いにしやすい

　一つのホワイトボードに書かれたメモを全員で見ながら話をしていくので，話合いに意識が向きやすくなります。また，全ての発言を同じように書いていくことで，誰が言ったことなのかが気にならなくなり，フラットな関係で話合いが進みます。これが，一番のメリットです。

ファシリテーターとして

　ファシリテーターという言葉をよく耳にするようになりました。会議や話合いの際に，メンバーがより協力し，共通の目的を理解し，目的達成のための計画立案ができるよう支援をする人のことです。会議を見える化することは，ファシリテーターとして目的達成のための支援という役割を果たすことにもつながります。筆者は「ホワイトボード・ミーティング®」を参考にしています。興味をもたれた方は，ぜひ調べてチャレンジしてみてください。

【参考文献】
・ちょんせいこ著『ちょんせいこの　ホワイトボード・ミーティング』小学館

校内委員会が終わったら

校内委員会で話し合った内容を校内（教職員）で共有するために，記録を整理し発信します。

（横山　礼子）

校内で共有するために

❶「誰が・いつまでに・どのように」を明確にしよう

　第2章3「対象児童の一覧表」を活用したり，新たに記録簿を作成したりして，話し合われた情報を整理しましょう。その際，「誰が・いつまでに・どのように」を明確にすることで，スムーズに支援が進んでいきます。

　各自治体が実施している巡回相談などで子どもの様子を観察してもらうときに，保護者の了承が必要な場合は，

- 誰が：担任，コーディネーター，管理職
- いつまでに：巡回相談の2週間前までに
- どのように：電話で，〇月の個人面談のときに

など，役割を明確にしておきましょう。

❷一人ずつの記録をまとめよう

　子ども一人一人にフラットファイルなどを用意し，その子に関する資料をまとめておきましょう。たくさんの個人情報が書かれているものばかりなので，ファイルをクリアケースなどにひとまとめにして，鍵のかかる書庫などに保管しましょう。必要なときに，さっと見られることは大切ですが，確実

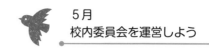
な管理も忘れずに行いましょう。電子データとして保管する場合は，パスワードをかけておきましょう。

❸情報を発信しよう

　話し合われた情報を「校内委員会便り」などにまとめ，発信する方法もあります。簡単にでも紙面にまとめてあると，学年会や職員打合せなどを利用し，短時間で共有することができます。個人情報に配慮して作成します。手立てが共有されていると，中心となって支援や指導をする方たちの安心感につながります。また，これまで取り組んで効果のあったことを伝えてくれる方も出てきます。

特別支援委員会だよりNo.3	委員会　令和 4 年 6 月 29 日 15:00～15:30

メンバー：○○、○○、・・・・・・
1　校長先生より
・1年、2年に早急な対応が必要な児童がいます。校内で情報共有し、できることを考えていきましょう。
2　特別支援の取組について（○○、○○、○○）
○特別支援教室の利用延長について（別紙）
・タイムスケジュール
・手続きについて
特別支援教室の指導担当者、担任、保護者の意向を確認し、一致しないケースを7月の特別支援委員会で検討。（新規の2名は、12月9日までに報告）

次回に向けて

　話し合われた内容をもとに共有した支援の内容も，続けていくうちに確認をしたり見直しをしたりする必要が出てきます。

　担任など子どもとかかわりのある人から話を聞いていきましょう。また，担任と役割を分担して，子ども本人や保護者からも話を聞いてみましょう。

　いろいろな人の話をまとめ，支援を続けていくのか，見直しをするのか，又は支援を減らしていくのかなど評価の材料を集めておきましょう。集めた材料をもとに，次回の「次第作り」から始めましょう。

6 校内委員会の実際①
特別支援教育全体会を開こう

共通理解のための会を開くことで，学校全体で支援ができるようにしていきます。

（横山　礼子）

　校内で特別な支援が必要な子どもについて，全教職員で情報を共有することは，子どもたちを学校全体で見守ることにつながります。第2章3「スムーズな運営のために」の「対象児童の一覧表」ができたら，全体会を開催して，情報の共有をしましょう。

❶開催日時の設定・確認

　年間行事予定に設定されている場合は，その日時で不都合がないかを確認します。出張が入っている教員はいないか，学年に複数学級がある場合は，学年一人は出席できるかを確認しましょう。管理職の出席は，とても大切です。管理職が出席できるかの確認もしましょう。

　設定されていない場合は，教務主任と相談をし設定します。時間的余裕がない場合は，1週間ないし2週間の職員打合せで学年ごとや学級ごとに場を設けることもできます。

❷資料の作成

　「対象児童の一覧表」を活用しましょう。「一覧表」に担任や専科教員・養護教諭が気になることを書き込めるよう枠を増やし，気付いたことを記入してもらいます。全体会では，完成した資料をもとに情報の共有を図りましょ

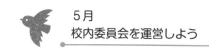
う。紙媒体で配付するときは，ナンバリングをして誰に配付したかを明確にし，確実に回収します。

❸全体会では

コーディネーターが司会をします。1日で行う場合・数日間に分けて行う場合によって順番に違いがありますが，管理職の挨拶から始めましょう。担任に加え，専科教員や養護教諭，校内に放課後児童クラブがある場合は，放課後児童クラブ担当者からも一言もらえると，子どもの見方が広がります。

❹資料の管理

全体会で使用した資料は，個人情報が書かれています。

紙媒体で配付したときには，ナンバリングをもとに，会が終わったら回収して処分します。原本だけは，鍵のかかる書庫に保管します。

電子データで情報を閲覧しながら実施したときには，パスワードをかけておきます。

❺資料の更新

子どもは，日々成長します。時間を見付けて情報を集め，資料を更新していきましょう。とは言うものの，学校は多忙です。そこで，隙間時間の活用をおすすめします。

• 専科教員や養護教諭と一緒に給食が食べられる立場にあれば，週1回程度，管理職や主事さんも交えランチミーティングを行い情報を集める。
• 事前に管理職や担任の了承を得て，朝，自分の教室に行く前に子どもの教室に行き，掲示物などを見る。
• 校内に放課後児童クラブがある場合は，事前に放課後児童クラブの方の了承を得て，時間を決めて子どもと一緒に遊ぶ。

などが考えられます。担任だけでなく，学校全体で子どもの困っていることやよいところを理解し，資料に書き込んでおきましょう。

7 校内委員会の実際②
必要な支援を検討しよう

多様な学びの場を知り，子どもが充実した学校生活を送るための支援や指導の場を検討します。

（横山 礼子）

校内委員会では，児童等の実態を把握し，学びにくさの背景を探ったり手立てを検討したりしていきます。その際，より一層充実した学校生活を送るために，学びの場を検討することがあります。

文部科学省『日本の義務教育段階の多様な学びの場の連続性』では，多様な学びの場を以下のように示しています。また，東京都のように必要な支援の検討の際，支援のレベルを示している自治体もあります（東京都教育委員会『特別支援教室の運営ガイドライン（令和3年3月）』）。

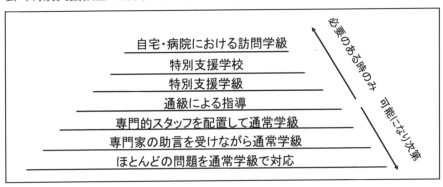

❶支援レベル1 〈巡回指導教員や巡回相談心理士の助言に基づく，在籍学級担任等の指導法の工夫等により，児童等が抱えている困難さへの対応が可能と思われる程度〉

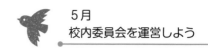
担任が相談しやすい場や人をつなぎましょう（第3章参照）。

❷支援レベル2 〈校内・外の人的資源を活用することにより，児童等が抱えている困難さへの対応が可能と思われる程度〉

週に何時間か，校内・外の人的資源を活用して行う支援です。一斉指示を正しく理解したりスムーズに文字を書いたりするためなど，教科学習に向かうために支援に入ることが多いです。誰に，どの程度の支援が必要かを校内委員会で検討します。管理職や教務主任と一緒に，時間割を作成し整理していくと分かりやすいです。保護者の了承が必要な場合もあります。

❸支援レベル3 〈特別支援教室での特別な指導が必要と思われる程度〉

週に何時間か，特別な場で特別な指導を行う支援です。通級による指導は障害種によって複数ありますが，地域でいくつかの学校に設置されています。保護者の了承のもと，利用を申請し，実際の支援につなぎます。保護者の送り迎えが必要な場合もあります。了承を得るときには，送迎の有無も正確に伝えましょう。

　❷❸は，各自治体によって，申請の時期や方法，必要書類（心理検査の結果など）に違いがあります。❷と❸が，併用できるかの確認も必要です。管理職を通して確認をし，早めに用意をしましょう。

　特別支援学級や特別支援学校での指導を受ける場合は，学籍が変更になるため就学相談（各自治体によっては，「転学相談」と言うこともあります）に申し込みます。校内に特別支援学級があったとしても，就学相談を受けることが必要です。転校することが多いので，担任や学年主任やスクールカウンセラー，管理職などが必要に応じて役割を分担して，丁寧にサポートしていきましょう。コーディネーターとしては，どこでどのような支援や指導が受けられるのか，情報を整理し伝えられるようにしておくとよいでしょう。特別支援学級や特別支援学校のパンフレットを集めておくと便利です。

8 校内委員会の実際③
行事に向けた
支援を検討しよう

校内委員会で検討することで，子どもだけでなく，担任や保護者も安心してチャレンジできるようにしていくことが大切です。

（横山　礼子）

行事の難しさと校内委員会の役割

　学校には，たくさんの行事があります。行事によって，子どもたちはいろいろなことを経験し成長していきます。

　しかし，特別な支援を必要とする子どもは，行事に向けての時間割変更や，時間に追われた練習など慌ただしい毎日が続くこと，「上手にやりたいのに，自分の思うようにできない」などの思いから，気持ちが落ち着かなくなることがあります。保護者も子どもの様子を見て，心配や不安が増えていきます。そして担任も，思うように練習が進まない，落ち着かずトラブルが多くなる，うまくいかないのは自分の力不足ではと悩みが大きくなります。

　特別な支援が必要な子どもへの対応を校内委員会で検討することで，子どもや保護者の心配や不安，担任の悩みが共有されます。そして，学校としてどのように支援をしていくのか具体策を出していきます。誰もが行事を成功させたいと願っています。そのために，学校全体がチームとなって課題解決にあたるようにするのが，校内委員会の役割です。

具体的な支援を検討しよう

❶チームで作戦会議を開こう

担任・学年主任・特別支援教育支援員・通級による指導を受けている場合は担当者など，子どもとかかわりのある人に意見を聞いてみましょう。どの場面で，何に困りそうか考えることから始めましょう。チームで作戦会議を開き，対応方法を検討します。管理職の意見を聞いたり，行事への取り組ませ方の上手な方からアイデアを出してもらったりしていきましょう。

先を見通し，少し先に動き出すこともポイントになります。行事の時期など通級担当教員に早めに伝えておくだけでも，連携がしやすくなります。

❷具体的な支援の例

〈表現運動の振り付けを覚える例〉

表現運動の振り付けや台詞は，保護者の協力を得て ICT 機器を活用し家庭でも練習できるようにしました。立ち位置は，お手本となる子どもが見られたり，一緒に動いたりできる場所が最適です。

〈大きな音が苦手な子どもの例〉

雷管や大きな音が苦手な場合は，保護者と相談をして耳栓を使うことも効果的でした。

〈練習が始まる日から当日までの予定一覧表を作成した例〉

通級による指導で，各学年の練習時間割表を活用して，その子用の「練習予定一覧表」を作成しました。

【例：運動会】

月日	時間	場所	やること	めあて
○月○日	2時間目	体育館	ダンスの練習	～までの振り付けを覚える。

予定通りにいかないことも多々あります。「天気やみんなのダンスの覚え方によって，予定は変わります。困ったら，先生に『今日の練習は何ですか』と聞きましょう」などと付け加えておくことで，困ったときに子どもが自分で解決することにつながったそうです。

〈係活動の手順表を作成した例〉

　高学年では，係活動を行うこともあります。担任と通級担当教員が話し合い，子どもの得意なことや苦手なこと，一緒にやるメンバーを考慮して係を決めました。また，通級の時間に，仕事の手順表を作ったことで自信をもって活動できました。

❸外部の関係機関ともつながろう

　専門家チームの臨床発達心理士なども，行事に参加しやすくするアイデアをたくさんもっています。校内委員会に出席してもらうことが難しくても，アドバイスを記録しておくことで，効果的な支援を必要な子どもに活用することができます。

〈振り返りの学習をスムーズにする例〉

　担任や空き時間の教員と連携を図り，練習から当日までの様子を写真やビデオに収めておきます。行事の後は，新聞や作文，絵日記で学習のまとめを行うことが多くあります。終わったことを覚えていることが苦手な子どもは，何をどのようにまとめたらよいか分からないことが多いです。写真やビデオを見ることは，自分のしたことやそのときに思ったことを思い出す手立てになります。

　担任には，用紙は，枠だけ・絵を描く場所もあるなど，いくつか用意することを依頼します。また，「これは，○○です。私は，□□だと思いました。」など，基本の文型を子どもに伝えることで，書くことへの抵抗を減らすことができます。

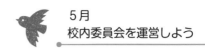
　この取り組みは，遠足や社会科（生活科）見学のときにも有効です。また，これらの支援は，支援を必要とする子どもだけでなく，希望する子どもにも一緒に行うことで，学級や学年の全員が主体的に取り組む一助となります。

行事の支援を通して，チームになろう

❶支援のポイントは

　効果的な支援のアイデアが出そろったら，いつ，誰が，どのように支援していくのかを明確にしましょう。そのためには学年のサポートや行事の係を担当する教員，特別支援教育支援員との連携が大切です。無理なくできる役割分担をしていきましょう。「うまくいったら続ける」「うまくいかなかったら別の方法を考える」くらいの気持ちで，まずはやってみましょうと伝えます。

❷保護者ともチームになるチャンス

　行事は，多くの保護者や地域の方の参観のもとに行われるので，保護者の方も不安が大きくなりやすいです。保護者の思いにも寄り添いながら，支援をしていきましょう。心配な分，一緒に支援をしていくと連携を実感しやすい面もあります。互いの努力をねぎらい合い，その子の成長を喜び合える雰囲気を，担任と共につくっていけるといいですね。

校内委員会の実際④
中学校では

中学校における校内委員会は，学校規模やコーディネーターの配置状況などに合わせて，柔軟に運営していくことが大切です。

(石田　弥恵)

各学校の組織をいかした校内委員会を運営していこう

　地域差はあるものの小学校より子どもの数も教職員の数も多く，進路や思春期，不登校に起因する困難さを抱える子どもたちも通っている中学校では，特別支援教育の推進に時間を要している現状もあるようです。また，中学校の教員は専門の教科を担当しているため，他教科の教員やコーディネーターとの横のつながりが弱くなりがちです。東京都のように情緒障害等通級指導学級が巡回指導へ移行したことなどを経て，徐々に特別支援教育が学校の中に浸透し，校内委員会が機能し始めてきているところもあるようです。こういった状況の中で，各校の既存の組織をいかしながら校内委員会が柔軟に運営され始めています。

少人数で定期的に開催している例

　A中学校では，コーディネーターを養護教諭が務めています。巡回指導に来る通級担当教員の勤務日で，保健室を利用する生徒の少ない金曜日の1時間目に校内委員会を設定しています。

　メンバーは，管理職，生徒指導主事，そのときに出席できる学年の担任1

名，通級担当教員，通級指導教室の補助をする専門員，コーディネーターの養護教諭です。生徒指導主事が入っていることで，養護教諭が，保健室での緊急対応が必要なときには，進行役を交代できるようにしています。

　校内支援体制を組んで支援をしている生徒の記録の読み合わせを中心に進めています。ケースも多く，読み合わせや連絡だけで終わってしまうこともありますが，ホワイトボードを活用したケース会議を兼ねることもあります。

　また，毎週では生徒の変容がそれほど見られないので，申請書類についての検討や，研修会の計画などと交互に行っています。

　校内委員会で話し合われたことは，手立てなどが書かれた記録を回覧します。データで共通理解することもできますが，あえて紙の資料を回覧することで，「確認しました」のサインを残せるようにしています。全員の確認が済むと裁断処理をしています。

　学年にかかわる教員は学年会で回覧しますが，コーディネーターは講師など学年会に所属していない方に，回覧するようにしています。手立てが共有されずに，生徒が困ることがあったため，必ず講師など，生徒にかかわる全ての教員が目を通せるようにしています。

㊙　　5月校内委員会資料　（回覧後、シュレッダー処理）			A組担任	B組担任	C組担任	副担任	副担任

名前	現状	手立てや方針
○○　○○	・授業への参加意欲はあるが、英単語の綴りを覚える、漢字を覚えるなどに苦戦。 ・発表はするが、板書を書き写せない。 ・遅刻が多く、提出物が出ない。	担任のかかわり： 授業中の支援： 外部支援の活用：

記録用紙例

第 3 章

5・6月
周りの人と
つながろう

校内の多くの人とつながり，橋渡しをするために，心掛けたいことをまとめました。

1 担任と かかわろう

担任の思いを受け止めたかかわりで，その担任だけでなく，子どもたちも助けます。

（田中　博司）

指導・支援の中心は，通常の学級の担任

通常の学級の担任とのかかわり方，どう支援し助言するかはとても重要です。なぜなら，支援を要する子とのかかわりの中で，一番大きな影響力をもっているのが担任であり，また，一番心を痛めているのも担任であることが多いからです。コーディネーターが担任のサポートをすることは，教室で悩み苦しむ担任を助けることとともに，その教室でつらい思いをしている子どもを助けることにもなります。

担任の負担感に寄り添う

多くの担任は，自分の受けもつクラス，子どもたちを特別に思うものです。だから，そのクラス，その子どものことは，自分が一番よく分かっているし，一番上手に対応できるという思いをもっています。それが担任特有のプライドとなって表れることがよくあります。

また通常の学級の担任は，その子だけでなく，他のたくさんの子どもたちともかかわらなければならず，そのことの苦労や負担を感じていることが多いです。

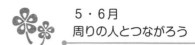

担任とかかわるときには，そんなプライドや負担感を受け止める必要があるでしょう。閉ざしがちな担任の心を開くためにも，「担任の先生，大変ですよね」。この一言から，担任との会話を始められるとよいです。

相談の意図を確かめることで，思いに応える

コーディネーターと話をするときの担任の思いは様々です。ちょっと話を聞いてほしいという簡単なおしゃべりを欲しているときもあれば，切羽詰まって早急に援助を求めているときもあります。

この思いを見誤ると，せっかく話してくれているのに，その思いに応えられないで終わってしまうことになります。例えば，共感してもらえれば十分だったのに，「あれやってみれば」「これをやるといい」などと言われ，かえって負担感ばかりが増えてしまうこともあります。反対に，つらさを分かってもらえたけど，手立ては見出せず，せっかく話しても，時間が取られただけで問題は解決されなかったと思わせてしまうこともあります。

このように担任の思いと話合いの方向がズレてしまうことを防ぐために，相談や話合いが始まる前に，さりげなく今日の話の目的を確かめられるとよいです。担任の思いには，次のようなものがあると思われます。担任とかかわるときの参考にしてください。

○　話を聞いてほしい

○　励ましてほしい

○　一緒に考えてほしい

○　アドバイスがほしい

○　専門的な見解を教えてくはしい

○　援助がほしい

---

2 養護教諭とかかわろう

学校全体の子どもとかかわり，個別的な対応もしている保健室の機能をいかすことは，特別支援体制の推進に大きな力となります。

（青木美穂子）

保健室の機能をいかす

　校内の特別支援体制において，養護教諭が特別支援教育推進のキーパーソンになっていることが多いことを実感しています。日頃から保健室のもっている機能や強みをいかせるよう，養護教諭と積極的にかかわりましょう。

❶全児童等とのかかわりの場

　養護教諭は，身体測定や各種健康診断，日常の保健室での病気やけがの対応などで，全校の子どもたちとかかわります。校内の子どもで，養護教諭の顔を知らない子はほとんどいません。学級担任と違って，学年や教科の枠を超えて子どもとかかわっている点が強みです。兄弟関係や友達関係，家庭環境などについての情報も，養護教諭から得られることがあります。

❷不適応のサインに気付きやすい

　体調不良を訴えて来室した子どもから，対人関係や学習面の悩みなどを聞く機会が多くあります。また，けがやトラブルの原因を探る中で，人間関係の課題に気付くこともあります。

　中学校でも，養護教諭からの見立てで特別支援につながるケースが多いと

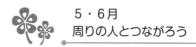

いう話を聞いています。

❸個別に対応できる

　「頑張れそうにないときは保健室に行く。カウンセラーは予約しないとだめだけど保健室は身体の不調を訴えれば行ける」と話す子どもがいました。子どもにとっては，保健室が教育相談の場になったり，教室にうまく適応できないときの居場所になったりすることがあるようです。

　また，養護教諭は，健康に関する相談やアレルギー対応，体調不良やけがの報告や送迎の依頼など，保護者とも個別にかかわる機会があります。そのような折に，保護者の本音をさりげなく聞いたり，担任とのパイプの役を果たしたりして力を発揮することもあります。

養護教諭がコーディネーターの場合

　養護教諭は校内で特別支援教育にかかわる多くの情報をもっていて，要の役割を果たしていることから，コーディネーターに指名されることが多いです。最近はコーディネーターの複数配置が増えてきましたが，1名配置の場合は，一人で抱え込まないように注意しましょう。

　特に1学期は，定期健康診断や計測に加えクラス替えなどで環境が変わることから，不適応を起こし保健室を訪ねる子どもが増えます。けがや体調不良で来室する子どもの対応だけでなく，学校環境の衛生管理，保健教育，健康相談などの仕事も抱えています。通常の保健室業務をこなしながら，コーディネーターの仕事も…となると，オーバーワークになりがちです。定期健康診断が実施される時期は，計画・実施・事後処理などに追われることを周囲に伝え，校内委員会のメンバーと役割を分担するなどして周囲の力を活用して，養護教諭の強み（情報やかかわり）が最大限いかせるようにしましょう。余裕のなさは，子どものサインの見逃しにつながります。

3 スクールカウンセラーと かかわろう

心理の専門家であるスクールカウンセラーとかかわり，支援の幅を広げていきます。

（石田　弥恵）

観察，面談の依頼をしよう

　各校に配置されているスクールカウンセラーの多くが臨床心理士の資格をもっており，「心理の専門家として子ども，保護者，教職員に対してカウンセリングや解決すべき問題行動の原因の見立て，助言・援助を行う」ことが業務になります。担任から相談があった子どもの観察を依頼しましょう。

　「一番前の席で，個別の声掛けをしているのに時間内に課題が終わらなくて…」と話す担任に対して，「言葉での指示より，付箋にやることを書いて指示する方がスムーズに課題に取り組めるかもしれません」などと具体的な支援方法も含めた見立てや助言をしてくれることがあります。

　観察後に保護者，子どもとの面談を検討することもあります。第6章3「保護者との橋渡しをしよう」に詳しく書いてありますが，保護者とスクールカウンセラーをつなぐこともコーディネーターの役目になります。保護者，子どもとの面談の後にも，報告の時間を取ります。しかし，週1回勤務のスクールカウンセラーと話す時間を十分に取れないこともあるため，情報交換ノートなどで記録の共有を行い，管理職や担任にも回覧したり伝えたりしましょう。

校内委員会，ケース会議メンバーの一人として

　次年度のスクールカウンセラーの勤務曜日は前年度のうちに決まることが多いため，教務主任や管理職と相談をして校内委員会に参加してもらえるよう校内委員会の日程を調整しましょう。特別支援（生活指導）全体会やケース会議の日程調整も同じです。

　小学校でも中学校でも，ある学年全員とスクールカウンセラーが面談を行う「全員面接」が１学期に設定されています。第２章３「スムーズな運営のために」にも書いてありますが，「全員面接」で気になった子どもの話もぜひ校内委員会や特別支援（生活指導）全体会で話をしてもらいましょう。

発達・知能検査，医療機関へつなぐ役割も

　現在，在籍している学校に入学する前に発達・知能検査を受けている子どもが，最近は多く見られるようになりました（検査については，第４章６「検査について知ろう」を参照）。その子どもの客観的な特性が分かる検査の結果について，スクールカウンセラーに相談することができます。また，スクールカウンセラー自身が検査を実施することも可能な場合があります。検査を受けるメリットについて，スクールカウンセラーから保護者や子ども本人に面談で伝えてもらうことも有効です。

　また，医療機関や療育機関の情報にもスクールカウンセラーは詳しいことが多いです。学校での支援だけでなく外部機関の支援を促す際にも，担任やコーディネーターが話をするより，スクールカウンセラーに話をしてもらう方が正しく伝わることもあります。このように様々な場面で心理の専門家であるスクールカウンセラーは活躍してくれる存在です。校内委員会のチームの一人として協力してもらえるよう体制を築いていきましょう。

4 特別支援教育支援員と かかわろう

常に児童等の近くにいる立場をいかしてもらえるよう，校内の調整をしていきます。

（吉成　千夏）

　学校には，用務主事，受付業務員，交通指導員，図書館司書など，教師以外の立場で仕事をしている方も大勢います。チームになって子どもの支援をしてもらえるようにつないでいきましょう。特にかかわりが深いのは，特別支援教育支援員の方々です。

特別支援教育支援員の役割

　特別支援教育支援員は，障害のある児童等に対し，食事，排泄，移動補助などの日常生活動作の介助を行ったり，発達障害の児童等に対する学習活動上のサポートを行ったりするとされています。具体的には，教室を飛び出していく児童等の安全確保や居場所の確認をしたり，読み書きが困難な場合は，読み上げや代筆を行ったり，身の回りの整頓を一緒に行ったりします。週に３～４日勤務されることが多いです。

支援チームの一員に

❶何をしてほしいのかを明確にしよう

　校内委員会などでどの学年，どの学級，どの児童等を中心に支援をしても

らうのかを決めます。状況は日々変わるので，配置を見直しながら力を発揮していただけるようにしていきます。

　心掛けたいことは，何をしてほしいかを明確にすることです。その学級の担任と簡単に打合せをしてもらうことが多いですが，時間が取れずやり取りが難しいことがあります。勤務時間も教師とは異なるので，放課後打合せができないことも連携のしにくさの一因になっています。お困りのことがないか，積極的に声をかけていきましょう。

　ただ，小さな工夫で情報交換をしていくことは可能です。連絡ノートを作ってその日の児童等の様子や取り組んだことを記録してもらう，退勤前に報告する人と場所を決めておき（副校長，養護教諭など），その日の報告をしてから帰っていただくなどです。無理なくできる仕組みをつくっていきましょう。

❷実態把握のキーパーソンとして活躍してもらおう

　一番児童等の側で活動しているので，子どもの特性やトラブルの原因になっていることをよく知っています。この力をいかし，支援チームの一員として活躍してもらいましょう。低学年児童を中心に支援をしている場合には，児童が下校した６時間目にケース会議を開催することも考えられます。管理職と相談しながら，学年会や校内委員会に出席してもらえるよう，調整していきましょう。

5 特別支援学級の担任とかかわろう

学校に特別支援学級が併設されている場合には，実際に学級を見て様子を把握しておきます。

（本多　秀年）

通常の学級と特別支援学級の橋渡しになろう

❶特別支援学級の様子や内容を知ろう

特別支援学級を見学して，１クラス当たりの人数，教室の広さ，先生との距離，学習内容，１時間の授業の組立て方，指導形態，子どもたちの様子，支援員の人数などを確認しておくとよいでしょう。

特別支援学級の教室には，学習で使っているワークシートなど様々な教材があります。その中には，通常の学級でも使えそうなものがたくさんあります。ワークシートをコピーさせてもらったり，教材を短期間借りたりと，特別支援学級にあるものを有効に活用することも考えましょう。そのためにも特別支援学級の様子を知っておくということはとても役に立つことです。

❷指導・支援のアドバイザーとして

特別支援学級では，「個に応じた」指導・支援が基本になっています。その子のめあてに合うように，その子が取り組みやすいようになど，ワークシートなども一人一人に応じて準備することを心掛けています。

学習面や生活面で困っている児童等に対し，どのように工夫したり配慮したりするとよいか，たくさんの実践やアイデアをもっています。気軽に声を

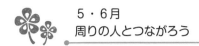
かけて聞いてみると，解決への手助けになるかもしれません。

❸特別支援学級のよさを保護者対応にいかそう

　児童等の学ぶ場が通常の学級より特別支援学級の方がよいのではないかと思ったとき，現状のマイナス面よりも「特別支援学級」のプラス面を伝えてはどうでしょう。少人数だからこそ，たくさんのことが学べる，活躍の場が増える，そして何よりその子の輝きがたくさん生まれるのです。それは，一人一人に合わせたペースや課題，教師と児童等の距離の近さからくるきめ細かい指導や支援といったよさがあるからです。それらが，児童等が将来大人になったときの大きな「輝き」につながっていきます。そんなことを保護者にも感じてほしいものです。

交流及び共同学習

❶できることは一緒にやろう（大きな集団で力が発揮できるように）

　特別支援学級設置校では，特別支援学級と通常の学級との交流及び共同学習が行われることが多くなっています。ほとんどの場合，特別支援学級担任と交流学級の担任が相談して話を進めます。入学・転学児童等の保護者から交流及び共同学習について尋ねられることがあります。コーディネーターとしては，その実践の状況を把握しておくとよいでしょう。

❷めあてをしっかりもとう

　交流及び共同学習は，これからますます盛んになっていきます。そのとき，活動ありきにならないように気を付けましょう。交流及び共同学習を通して，学級の子どもたちにどのようなことを学ばせたいのか，そしてこうなってほしいと思う子どもたちの姿を思い浮かべることが大切です。そんなことを学校全体で共有できるよう，校内委員会などで確認できるとよいでしょう。

6 通級担当教員とかかわろう

支援の方向性を共通なものにしていくために通級担当教員とかかわり，特別な指導の場での目標を一緒に考えていきます。

（石田　弥恵）

通級による指導とは？

　小学校，中学校，高等学校などで，通常の学級での学習や生活におおむね参加でき，一部特別な指導を必要とする児童等に対して，各教科の授業は通常の学級で受けながら，障害に応じた特別な指導を「通級指導教室」という特別な場で受けることを「通級による指導」と言います。

　学校教育法施行規則第140条によると，指導の対象となるのは，弱視者，難聴者，肢体不自由者，病弱者（身体虚弱者），言語障害者，情緒障害者，自閉症者，学習障害者，注意欠陥多動性障害者です。

　通級による指導の実施形態は，児童等が在籍する学校において指導を受ける「自校通級」，他の学校に通って指導を受ける「他校通級」，通級による指導の担当教員が該当する児童等のいる学校に赴いたり複数の学校を巡回したりして指導を行う「巡回指導」の３つになります。東京都では，令和３年４月には全小中学校に「特別支援教室」が設置され，発達障害又は情緒障害の児童等が「巡回指導」を受けています。

日頃の情報交換を大切にしよう

　通級担当教員は，学習や生活場面での困難の改善・克服を目指し，通常の学級での生活が円滑に送れるよう，対象の子どもに合った方法を探って指導を行っています。そのような専門性をもっている教員と日頃から情報交換をすることで，通級指導教室を利用していない子どもへの支援のヒントやアドバイスをもらうことができます。また，通級指導教室を利用した方がよいかどうかという相談も気軽にしてみましょう。行動観察や保護者との面談への同席も依頼できます。そして，既に利用している子どもや保護者の情報を共有し，通常の学級の担任や専科教員にその話をすることはコーディネーターの役割です。担任，専科教員と通級担当教員との橋渡しをしていきましょう。

共通の目標を立てよう

　通級指導教室を利用している子どもは，「個別の教育支援計画」と「個別の指導計画」を作成することになっています（第4章7「個別の教育支援計画について知ろう」，第4章8「個別の指導計画について知ろう」を参照）。「個別の教育支援計画」には支援の目標を記入し，「個別の指導計画」には指導目標を記入します。「個別の指導計画」は，学校で作成しているもの，通級指導教室で作成しているもの，学校と通級指導教室のものを合わせた「連携型」のものがあります。どの目標も子ども本人がどうなりたいか，保護者や学校がどうなってほしいかを明確にして，共通の目標を立てることが重要になります。通級担当教員にも校内委員会やケース会議に参加してもらい，子どもの情報交換をし，様々な場面での支援方法を一緒に考え，共通の目標を立てたり評価したりする機会を重ねていきましょう。通級担当教員は「サブ・コーディネーター」という位置付けの地域もあります。どんどんコーディネーターの味方になってもらいましょう。

7 教科担任制（中学校）を いかしてかかわろう

学年会で日々，話し合っていること（支援策）を集約して校内委員会で提案する ことで，学校全体での支援を進めていきます。

（石田　弥恵）

教科担任制のメリットを最大限に活用しよう

　中学校，高等学校では教科ごとに担当の先生が変わる教科担任制で授業が 行われています。また，何人かの教員は持ち上がりでその学年の授業を担当 することも多く，３年間かかわります。担任は自分の教科以外では学級の様 子を把握しづらいこともありますが，多くの教員がかかわり，様々な面を多 角的に捉えることができるというメリットが教科担任制にはあります。

子どもの強み，弱みを見付けよう

　「Ａさん，漢字の小テストで苦戦していて…」「英単語の綴りもなかなか覚 えられないですね」「計算問題は時間をかければ一人で取り組めますよ」「社 会の時事問題には関心があって挙手して発表していますが，ノートに書くこ とは苦手なようです」「理科では，板書と同じプリントを配付して語句を穴 埋め式にしたら，書くようになりましたね」「バスケットボールは得意で， 部活動の中でも中心的な存在のようですよ」「朝の登校時刻は，いつもぎり ぎりですね。お母さんが朝早くに仕事に行ってしまうようです」

　これはある学年会での教員たちの会話の一例です。Ａさんの強み，弱み，

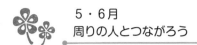
生活面・家庭環境などが分かり，実態把握から支援策を考えることにつなげられます。ぜひ，「講師の先生にも，話を聞いてみましょう」と言ってみてください。さらにＡさんを多面的に捉えることができます。

子どもと相談しながら，支援方法を検討していこう

　中学生以降になると，支援を受ける本人の意思を尊重することがとても大切になります。本人が望んでいない支援を行っても効果が見られなかったり解決策につながらなかったりします。また，担任とは相性が合わず支援策を伝えても聞き入れない場合もあります。コーディネーターが間に入って，部活動顧問の力を借りるのも一策です。中学生以降は学期末試験などでの合理的配慮がその後の進路に大きくかかわってきます（第4章10「合理的配慮について知ろう」を参照）。本人・保護者とよく話し合い，各教科で可能な支援方法を探り，みんなが笑顔になる支援を実施していきましょう。

学年会から校内委員会へ，そして学校全体へ支援を広げよう

　学年会で支援が必要という話が出た生徒の中から，支援策に悩んでいる生徒をピックアップして校内委員会にあげます。校内委員会ではスクールカウンセラーや通級担当教員の助言をもらうことができます。その会で出た支援策をコーディネーターや校内委員会のメンバーが学年会ですぐに話をすることで，明日からの指導にいかすことができます。また，校内委員会でリストアップした生徒の情報は全教員にも伝わるようにすると，部活動や委員会，行事でかかわる学年以外の教員からも適切な支援を受けることができます。コーディネーターは，教科担任制のメリットをいかしながら，学年，校内委員会，学校全体へと支援を広げていってみましょう。

8 管理職と かかわろう

報告・連絡・相談を欠かさず，管理職と共にコーディネーターの仕事に取り組むことが大切です。

（田中　博司）

学校長の役割は？

ガイドライン（文部科学省）に，学校長の役割が示されています。

○特別支援教育を柱とした学校経営
○校内委員会の設置と運営
○特別支援教育コーディネーターの指名と校務分掌への位置付け
○個別の教育支援計画及び個別の指導計画の作成と活用・管理
○教職員の理解推進と専門性の向上
○教員以外の専門スタッフの活用
○保護者との連携の推進
○専門家・専門機関との連携の推進
○進学等における適切な情報の引継ぎ

　こうして見ると，学校長の役割は，本書で紹介しているコーディネーターの仕事と重なることに気付くでしょう。そもそも「コーディネーターの指名」も校長の役割ですので，コーディネーターは，校長から指名されて，校長の職務を請け負っていると捉えることもできそうです。例えば，野球チー

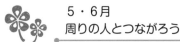

ムの監督にあたるのが校長で，特別支援教育分野のコーチとして実働するの
が，コーディネーターということになるのでしょうか。

報告・連絡・相談を忘れずに

　校長の指名を受けて仕事をしているコーディネーターですから，日頃の校
長，副校長への報告・連絡・相談は欠かせません。特に保護者と面談をする
際，専門機関と連絡する際には，きちんと状況を伝え，校長の意見，判断を
確認してからかかわるようにします。手間や時間がかかり大変なときもあり
ますが，こうすることで，面談や連絡の際には，コーディネーターとしての
見解ではなく，学校としての考え，判断として話をすることができます。
「私としては〜」ではなく，「学校としては〜」を主語で話ができる備えをし
ておくようにしましょう。

コーディネーターのサポート役

　コーディネーターは，特別支援教育の調整役ですから，困っている教師の
サポート役になることが多いです。けれども，コーディネーター自身が困る
こともちろんあります。自分の受けもっているクラスや子どもが大変なこ
ともありますし，職員室での人間関係が大変なこともあるでしょう。しかし，
サポート役のコーディネーターには，助けてくれるコーディネーターがいな
いということがあります。
　そんなときに頼れるのが管理職です。コーディネーターにとっても，援助
要求スキルが求められます。コーディネーター自身が一人で抱え込まないよ
うに，サポートしてもらえるように密に相談するなど，管理職とかかわるよ
うにしていきたいです。そんな姿をコーディネーターが示すことで，サポー
トし合える職員室づくりにもつなげられるはずです。

9 子どもと かかわろう

子どもの気持ちや行動を受け止め，よさに着目して関係をつくっていくことが大切です。

（田中　博司）

まずは，子どもとの信頼関係を築く

担任の先生に注意される。友達とうまくいかない。授業についていけない。そんな理由から，教室に入れなかったり，教室から飛び出してきてしまったりする子どもとのかかわりをコーディネーターが担うことがあります。困っている子どもとじっくり時間をかけて相談をすることもあれば，感情が高まっている子どもたちの気持ちをなだめながら話をすることもあるでしょう。そんな子どもたちとかかわるときには，信頼関係を築くことが大事です。だから，まず聞いてあげることから始めます。

子どもたちの言動は，理不尽なこともありますし，自分勝手なこともあります。でも，そのことへの指導や注意は一旦後回しにして，その子の言い分や行動を受け止め，話を聞いてあげるようにします。この人は聞いてくれる，分かってくれると思ってもらうことから，関係づくりが始まります。

子どものよい行動に注目する

子どもの指導，支援にかかわるようになったときは，子どものよい行動に注目するようにします。悪い行動ばかりを指摘されるのは，お互い気持ちの

よいものではないですし，そもそも人は注目された行動が増えていく傾向があると言います。だから，よい行動に注目することは，子どもとの関係をよくしますし，よさを伸ばす，引き出すことにもつながります。

　例えば，教室を飛び出して玄関にいた子に対して，教室を出てしまったことではなく，校庭まで行かなかったことに着目し，「よく外に出なかったね」と声をかけてあげます。次の機会には，玄関でなく廊下でとどまることができたら，「玄関まで行かずに我慢できたね」と声をかけます。こうすることで少しずつ教室から離れずにいられるようになります。

　ただ，こうしたときに周りの注目を集めようとわざと外まで出るような態度を示す子もいます。そんなときは，安全の範囲内で受け流します。教育的な無視です。わざとよくないことをしても，注目を集めたいという思いは満たされないことを伝えていくのです。さらに言うと，こうした子に対しては，教室を出たときに対処するよりも，出ないでいるときにその様子を認め，褒めてあげる機会を増やすことが，行動の改善につながるはずです。

常に担任が一番の立ち位置で

　教室の外側から支援する教師が子どもとかかわるときは，その子に寄り添うことが多くなります。当然，子どもたちは，そんな先生とのかかわりを求めるようになっていきます。けれども，その子が教室で過ごすことを最終目標と考えると，その子にとっての一番は，担任の先生であってほしいです。

　だからコーディネーターとしてその子とかかわるときには，「あなたのことを学校で一番心配してくれる人は誰だと思う？　担任の○○先生だよ」「○○先生，いつもあなたのことを心配しているんだよ」「○○先生が，ずっとあなたがどうしたら教室で過ごしやすいか考えているよ」。こんな声掛けをするよう心掛けています。

10 ケース会議で つながろうⅠ

子どもの気になることについて，複数の関係者とつながって話し合い，支援の手掛かりを得るためにケース会議は有効です。

(石田　弥恵)

ケース会議（支援会議）とは？

　ケース会議は校内委員会の判断で特別な支援を必要とする子どもにかかわる人たちでつくるチームによる会議で，支援内容を相談・決定するために行います。この会議もコーディネーターが計画を立て，参加者への連絡調整，事前準備，会の進行，学校全体への報告などを行います。専門性のある外部の関係機関からよりよいアイデアをもらえるチャンスと捉え，管理職と一緒につながる方法を模索していきましょう。

ケース会議の参加者（メンバー）は？

　校内で行う場合は，コーディネーター，担任，学年主任，専科教員，養護教諭，管理職，スクールカウンセラーなどが参加者となります。ここに保護者や本人も加わることもあります。外部の関係機関と連携する場合は，通級担当教員，就学前機関，進学・転入先の学校や学級，スクールソーシャルワーカー，福祉施設（児童発達支援センター，放課後等デイサービス事業所），医療機関，専門家チーム，センター校の特別支援学校などが挙げられ，状況や必要に応じて参加者は変わります（第5章参照）。

ケース会議の事前準備と進め方

　担任と話をして，子どもの状況をまとめ，実態把握票を作成しましょう。既に「個別の教育支援計画」や「個別の指導計画」を作成している場合は，それらを実態把握票として活用することもできます。子どもの困っている点ばかりに目が行きがちですが，よいところ，努力していること，得意なことなども挙げるようにしましょう。設定時間内に会議を終了できるよう，進行表を作成しておくこともおすすめです。常に前向きな話合いの雰囲気を大切にし，様々な意見を導けるように進めていきましょう。外部の関係機関が中心となる会議の場合は，各参加者と相談し，共通理解しておくこと，進行役やその会議のおおまかなゴールを決めることを事前に行いましょう。記録役は進行役が兼ねても構いませんが，慣れるまでは別の参加者にしてもらい，第2章4「『会議の見える化』にチャレンジ」にも記載されていますが，ホワイトボードや模造紙に記録しながら会議を進めると，参加者の共通理解を促せます。

　ここでは，おおまかにケース会議を進める際の手順を示します。具体的には次項や第5章の「ケース会議の実践例」を参考にしてみてください。

〈手順1〉子どもの気になる行動を一つ取り上げます。授業中の立ち歩きなど，具体的な行動について話し合いましょう。

〈手順2〉子どもの思いや考え，行動の背景や要因を推測し，子どものつまずきや困っていることの原因を考えましょう。

〈手順3〉支援策を出し合い，その中から実践できる（したい）ものを共有し，確認しましょう。

---

11 校内での ケース会議の実践例

校内のかかわりのある人で小さなチームをつくり，支援を検討するために，必要なときに柔軟にケース会議を設定します。

（石田　弥恵）

GW明けから保健室で過ごすことが増えたAさんのケース会議

❶情報の共有をし，背景・要因を探ろう

　クラス替えの後から登校しぶりが見られ，GW明けには保健室で過ごすことが増えてきたAさんのケース会議をすることになりました。校内でかかわりのある担任，専科教員，学年主任，養護教諭に加えてスクールカウンセラーと通級担当教員にも参加を依頼し，日程はスクールカウンセラーと通級担当教員の出勤日の放課後としました。司会はコーディネーター，記録は学年主任が行いました。

　まず，担任が実態把握票を用いてAさんのこれまでの状況を話しました。他の参加者からも話をしてもらいました。「保健室では担任の先生の話はよくしますが，友達の話はあまりしません。学習の遅れは心配なようです」と養護教諭がAさんの様子や思いを話しました。

　次にAさんがなぜ今の状態になっているのか（背景・要因）を検討していきました。昨年度の担任だった学年主任が「昨年度までは欠席はほとんどなかったので，友達と何かあったのかもしれません」と話をしました。

❷目標を設定し，対応策を検討しよう

　Aさんの場合，「安心して教室で過ごせるようになること」が長期目標となりますが，まずは「Aさんが自分の気持ちを話せるようになること」を短期目標としました。そして対応策は参加者全員で幅広くアイデアを出し合い，実現可能な対応策を絞っていきました。担任は「中休みと授業がない時間に声をかけるようにしてみます」と言い，音楽専科は「音楽は得意ですし，自分の教室ではないので入りやすいかもしれませんね」と言いました。スクールカウンセラーからは「Aさんとの面談や保護者面談をしましょうか」という話があり，通級担当教員からは「得意な教科とそうでない教科があるようなので，検査を受けると本人の認知特性が分かるかもしれませんね」という話がありました。

　誰が，何を，どのように，いつ行うかを，表にして役割分担を明確にし，次のケース会議までにそれぞれが行ったことを記録しておくことにしました。

〈Aさんへの対応と記録〉			R〇年5月16日〜30日
誰が	何をするか	どのように	記録
担任	声をかける	中休みと授業がない時間に保健室に行く プリントや板書計画を渡す	
養護教諭	話を聞く	保健室に来たとき，ゆっくり話を聞く	特定のクラスの子にきついことを言われたことがあった。（5/30）
音楽専科	参加を促す	音楽の授業前に参加を促す	週2回のうち，1回は参加できた。（5/27）
スクールカウンセラー	面談をする	月曜日の3時間目	

❸次回の確認と報告をしよう

　次回のケース会議は1か月後に行うことを確認しました。状況によっては保護者の参加も検討することにしました。このケース会議の報告を管理職にはすぐに行い，毎週の生活指導連絡会と次週の校内委員会で報告しました。

第4章

7・8月
特別支援教育・障害への理解を深めよう

特別支援教育への理解を図るための校内研修とコーディネーターが知っておくとよいことをまとめました。

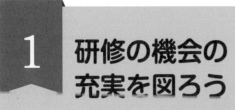

1 研修の機会の 充実を図ろう

校内の教員が特別支援教育への関心をもつにはどうしたらよいか，できそうなことを考えます。

（藤田　正美）

日常的にできることから始めよう

　1学期末から夏休みにかけて，特別支援教育の校内研修が行われる学校も多いかと思います。コーディネーターの役割として，「校内研修の実施の推進」が位置付けられています。

　「そんなことは，自分にはできない…」「研修の実施の推進どころか，まずは自分が研修させてもらいたい」と感じるコーディネーターの方もいらっしゃるかもしれませんが，難しく考えすぎず，まずは自分のできそうなことから少しずつ始めていくのがよいでしょう。特別支援教育の研修の機会を増やす手立ての例を挙げてみます。

特別支援教育の研修のお知らせを発信する

　学校には，様々な団体から多くの特別支援教育に関する研修のお知らせが送られてきます。各自治体の公的な機関の主催による研修の他に，自治体が推進する研究団体や民間の療育機関などによる研修もあります。管理職が確認した後，コーディネーターのところに，そのお知らせが回ってくることが多いのではないでしょうか。それを校内で回覧するとよいでしょう。職員室

に「特別支援教育コーナー」を設けてファイリングしたり，掲示したりすることで周知するのもおすすめです。主な研修について日付と概要をメールで流し，「詳しくは特別支援教育コーナーを見てください」と勧めてみましょう。

　7月，8月は特に多くの研修が行われていることが多いため，学びのチャンスです。コーディネーター自身も，興味がある研修にはぜひ参加してみましょう。

参加した研修の資料や感想を共有する

　研修会に参加してみると，「この研修の講師の先生，うちの学校でもお話ししてもらえないかな」と感じることがあるかもしれません。参加した研修の資料を回覧したり，感想を伝えたりするとよいです。

　校内の教員が特別支援教育の研修会に参加した場合も，お互いに資料を回覧したり，感想を伝え合ったりできる体制を整えておくと，校内全体としての特別支援教育に関する専門性の向上を図ることができるでしょう。

　コーディネーターからだけではなく，研修会に参加した教員からも，職員打合せや職員会議などで研修会の内容を報告してもらうと，それぞれが学んだことを学校全体で共有しやすくなります。校内のシステムとして，学びを共有し合うことが自然とできる雰囲気があれば，全ての教員にとって，大きな財産になります。

　職員室でのちょっとした雑談を通して，学んだことや，どんなことを学びたがっているのかについて知ることも，コーディネーターにとっては貴重な情報となります。

2 校内研修を企画しよう

校内研修は，自分一人で企画しなくてよいです。みんなの力を借りて考えていきます。

（藤田　正美）

一人で考えなくても大丈夫

「特別支援教育の校内研修って，どんなことをしたらよいのだろう…」と研究会でも話題になることがあります。校内研修の企画は，コーディネーターが一人で責任を負うことではありません。校内研修の推進や，学校外における研修への参加推進については，校長がリーダーシップを発揮すべきこととされています。

ですから，一人で悩まずに校長を頼ってよいのです。校長としても，「こんな校内研修をしたい」「講師に来ていただきたい先生がいる」などのお考えがあることも多いかもしれません。また，学校によっては，研修の企画・運営はコーディネーターが主体ではなく，研修担当がしている場合もあるでしょう。その場合は，担当の教員とよく相談しながら企画していくと，うまくいきます。特に中学校では，研修担当が中心になり，企画・運営をしていることも多いようです。年間計画として「児童理解研修」のような位置付けで，既に研修が組まれていることもあります。自分で「どうしたらよいのだろう」と思ったときに，助けを求めたり相談したりすることは，コーディネーターとして大切なことです。みんなで協力して取り組みましょう。

講師を探すときは

　研修会の立案を校長や研修担当が一緒に進めるにしても，もし「コーディネーターから案を出してみてほしい」ということになったら，前年度までに校内でどんな研修を行ったかを調べてみるとよいでしょう。毎年，来ていただいている講師がいるかもしれません。その先生を招いたり，その先生の知り合いに講師をお願いしたりできるかもしれません。

　同じ自治体のコーディネーターに「どんな校内研修をしているか」「講師は，どんな方にお願いしているか」などを尋ねてみるのもよい方法です。各自治体の連絡会などを通して，普段から他校のコーディネーターとつながっておき，校内研修に限らず何か困ったときには，情報交換することがおすすめです。

　特別支援学校のセンター的機能を活用し，特別支援学校のコーディネーターに相談したり，講師として招いたりすることも，特別支援教育に関する学びを深め，連携につながります。

アンケートをとってみる

　校内の教員に，アンケートをとってみるのもよいでしょう。どんなことを学びたがっているのか尋ねることで，校内のニーズに応じた研修が企画できるかもしれません。専門家のお話を聞いて知識を深めたいのか，事例検討や疑似体験など実践的なことをしたいのか，今，その学校で教員が一番学びたいことを企画すると，実りのある校内研修となるでしょう。校内で，特別支援教育に詳しい教員にアドバイスをもらうのもよいですね。アンケートの実施と，その結果によってどんな研修を企画するかは，ぜひ校長や研修担当と一緒に考えましょう。

3 外部から講師を依頼するときに

校内研修で外部から講師を招くときの方法について知っておくと，学びのある校内研修を組むことができます。

（藤田　正美）

講師を招くときに

　校内の教職員だけでは得られない，専門的な知見や客観的な視点を得たい場合には，研修会に外部講師を招きます。管理職と相談の上，校内のニーズや校内研修の目的に応じて，適任と思われる講師を招くとよいでしょう。講師の立場によって，謝礼が発生しますので，前年度までの記録を調べたり，管理職へ確認したりしましょう。

外部の関係機関にお願いしてみよう

　教育，医療，保健，福祉，労働，その他の外部の関係機関の専門家を講師として招く方法があります。

　まず，講師の連絡先を調べましょう。よく知っている講師の場合でも，管理職を通して招きたい講師本人や，講師の所属している機関に依頼をしてみます。その際には「どんな目的で」「どんな形式で」研修を行うのか，明確にしておきましょう。「よい先生だから，いらしていただきたい」というだけでは，講師にとっても，校内の教員にとっても，ミスマッチとなってしまう恐れがあります。

普段から，外部の関係機関の方とつながっておくとよいです。なかなか講師を探すのが難しいという場合は，研修会の案内を見直す，他校のコーディネーターに相談する，特別支援学校のコーディネーターに相談するなど，連携を図りましょう。自治体や教職員互助会などが扱っている人材育成事業や，講師派遣事業を活用するのもよいでしょう。

　目的に応じた講師ですが，次のような観点で考えていきましょう。

- 子どもの理解の仕方や指導方法→教育の専門家
- 医療的なケアや服薬，発達や障害特性→医療，保健の専門家
- 福祉的な援助，子どもの将来の進路や就労→福祉，労働の専門家

特別支援教育をテーマとした校内研究授業を行う場合は

　校長の方針によっては，特別支援教育の観点から通常の学級や特別支援学級，通級の研究授業を行い，校内研修をすることもあります。研究授業として校内の教員全員が，特別支援教育に関する授業を参観することは，一部の教員だけではなく全ての教員が特別支援教育にかかわり，専門性を向上させることにつながります。

　研究授業の講師を招く場合は，特別支援教育の指導経験の豊富な教員であれば，具体的な実践に基づいた助言をいただけることでしょう。なかでも，指導教諭は「児童の教育をつかさどり，並びに教諭その他の職員に対して，教育指導の改善及び充実のために必要な指導及び助言を行う。（学校教育法　第三十七条　第十項）」という職務がありますので，近隣の学校や自治体にいる場合は，ぜひ活用されることをおすすめします。また，特別支援学校のコーディネーターも通常の学校への指導が職務になっています。気軽に相談してみましょう。

4 校内研修の実践例

小学校・中学校における校内研修の実践例について知ることで，自校の研修の立案にいかすことができます。

（藤田　正美）

目的別の研修例

❶特別支援教育に関する基本的な知識や，発達障害の特性の理解のために

　特別支援教育に関する基礎・基本を学びたいときは，講義タイプの研修がよいでしょう。校内の特別支援学級担任や通級担当教員に講師になってもらい，OJT の一環として組織的にミニ研修を年に複数回設定することもあれば，年に１～２回，大学教授などの外部講師を招くこともあります。特別支援学級担任や通級担当教員が講師となった場合は，特別支援学級や通級での指導内容の紹介を通して，通常の学級でも考えられる支援例について校内の教員が学ぶことができるでしょう。校内の教員全員の特別支援教育に関する知識を一定以上にすることで，子どもの姿を前にした際，「あのときの研修で聞いた，あのことだな」と共通理解をして指導していくことができます。

❷子どもの理解を深めるために

　より実践的な形式の研修を行います。教員同士でディスカッションをしながら事例検討をしたり，個別の指導計画を立てたり，ロールプレイなどで子ども役，教員役を疑似体験したりするなどの研修があります。事例検討や個別の指導計画を立てる研修では，実際の子どものことを扱う場合だけでなく，

架空のケースを扱って，講師から助言を受けながら学ぶこともあります。体験を通した研修では，講義タイプの研修よりも教員自身の記憶に残りやすく，日頃の指導にもいかしやすいというメリットがあります。

ニーズに合わせた研修例

　教員のニーズに合わせた研修テーマと，招いた講師についての例を示しておきます。

- 愛着障害を考える〜チームで支援する〜（大学教授）
- みんなの笑顔を育む学校〜共生社会の特別支援教育〜（通級担当教員）
- 特別な支援を求める子への対応（通級担当教員）
- クラスの中の気になる子　理解と支援（通級担当教員）
- かかわる力を育む対話の場づくり（大学講師　精神保健福祉士）
- 読み書きに困難さのある児童の指導方法（大学教授）
- 特別な支援を要する子どもの個別の指導計画の作成（臨床発達心理士）
- 発達障害児の保護者を支えるために（スクールカウンセラー）
- 特別支援教育における ICT の活用（特別支援学校コーディネーター）
- 発達障害に対してできる医療的なサポート〜診断・服薬の基礎知識〜（児童精神科医師）
- 就学前の発達相談の実際（保健師）
- 民間療育機関における児童支援（療育機関）
- 障害のある児童が利用できる福祉的援助サービスとは（自治体福祉課）
- 発達障害者の社会的自立に向けて小学校段階でできること（障害者を雇用している企業）

5 アセスメントについて知ろう

子どもの行動や，クラスでの様子，家庭環境など，様々な情報を集める（実態把握する）ことで，具体的な支援の方向性を見出せます。

（笠原慎太郎）

観察によるアセスメント（「みとり」による実態把握）

❶休み時間の観察

友達とのかかわり合いを観察する絶好の機会です。遊び方や言葉遣い，遊びのルールを守っているかなど，視点をもって観察しましょう。また，担任に断ってから子どもと遊ぶことで，関係性を築く機会にもなります。

❷授業中の観察

どのような姿勢で授業を受けているのか，授業に参加できているのか，ノートをどのように書いているのか，どのような字を書いているのか，などを観察します。課題だけでなく，「できている」ことを見付けていくことが大切です。「できているところがない」「見付けられない」などの話を聞きます。しかし，「できていない」中でも，その子の成長につながるような「めばえ」が隠れています。「ここまではできている」という視点で観察してみると，たくさんできていることを見付けることができ，手立てにいかすことができます。

聞き取りによるアセスメント（「ききとり」による実態把握）

❶教職員への聞き取り

　担任をはじめ，その子にかかわって支援していたり，見守ってくれていたりする職員に聞いてみましょう。担任からは，保護者の情報も聞き取りましょう。学校と家庭での「困り感」が見えてくると，支援していくための重点課題が整理されていきます。

❷通級担当教員やSC（スクールカウンセラー）への相談

　通級・巡回指導教員は，個の課題に合わせた指導を行っています。そのため，特徴的な言動を捉える「視点」をもっています。その子のことについて相談し，一緒に行動観察をお願いしてもいいでしょう。実態把握のアドバイスを受けることができるでしょう。

　SCは，心理的な視点をもって子どものアセスメントをする力があります。通級担当教員と同様に，専門的なアドバイスを受けることができます。

心理検査によるアセスメント（知能・認知検査など）

　WISC-ⅣやKABC-Ⅱなどの検査があります。これは知能・認知特性を客観的に把握するために行います。保護者に検査の必要性を納得してもらった上で，行政が運営する教育センターや，医療機関（いずれも保護者から申し込む）で心理の専門家が実施します。

　結果については，保護者・学校（保護者の同意が必要）に，口頭もしくは検査レポートで説明されます。個人内差という本人の「得意な部分」と「苦手な部分」が明確になり，今後の支援の方向性を決めていく有力で客観的な情報となります。心理検査の結果を単なる数値だけで判断するのではなく，その背景要因を読み取ることがとても大事です。詳しい見方や解釈については，次項で触れていますが，より専門性のあるSCに聞くとよいでしょう。

一方で，検査を受けることは，本人・保護者にとってとてもハードルが高いものであることを承知しておく必要があります。なぜ必要なのか，どのように支援に役立てていけるのかを説明し，十分な理解を得る必要があります。また，検査時に本人への負担もかかります。検査の受検に触れる際には，説明できる方と一緒に保護者へ相談できるとよいでしょう。

アセスメント（行動観察）シート

　どんな視点でアセスメントをしていけばいいのか，参考にしてください。

1　誰が，どんなことで困っているのか
2　学校や学級での様子
3　学習面について（国語や算数などの主要教科を見るとよいでしょう）

　国語
　　・音読の読み方，字の書き方（筆圧や書き順），話し方，聞き方など

　算数
　　・四則計算，定規やコンパスなどの操作，図形の認識など

　これまでの学習状況の記録（通知表や指導要録）
　　・取り組みやすい課題，取り組みにくい課題など
　　・掲示物から分かること

4　友達とのかかわり方，コミュニケーション
5　集団参加の様子
6　運動の様子

【参考文献】
・一般財団法人特別支援教育士資格認定協会編　竹田契一・上野一彦・花熊曉監修『特別支援教育の理論と実践［第2版］Ⅰ　概論・アセスメント』金剛出版

観察年月日	場所	教科等	記録者

1　困っている人・どんなことで困っているのか

2　学校や学級での様子

3　学習面について

（国語：音読，筆圧，書き順，書字，話し方，聞き方など）

（算数：四則計算，定規やコンパスの扱い方，図形の認識など）

（これまでの学習状況の記録から分かること）

4　友達とのかかわり方，コミュニケーション

5　集団参加の様子

6　運動の様子

6 検査について 知ろう

WISC-ⅣやKABC-Ⅱの検査項目や数値の意味を知ることで，具体的な支援の方向性を見出すことができます。

（笠原慎太郎）

WISC-Ⅳ

❶WISC-Ⅳ（ウィスク・フォー）とは

WISC-Ⅳは，ウェクスラー式知能検査の一つで，児童の全体的な認知能力と得意な部分，苦手な部分を知ることのできる検査です。世界的にも多くの国で使用されています。同じ検査を再度受ける場合には，2，3年以上の間隔をあけることが推奨されています。

❷何が分かるのか

言語理解（VCI），知覚推理（PRI），ワーキングメモリー（WMI），処理速度（PSI）の指標得点と4つの得点を総合した全検査IQ（FSIQ）が分かります。全検査IQは，その子の発達水準が，同世代の平均から見るとどのあたりに位置しているのか判断することができます。

❸どのように支援にいかすか

検査を行った機関から，保護者に対して検査結果の説明があります。支援の仕方についても具体的なアドバイスが示されています。4つの指標得点の高低から，その子の弱点とするところや得意とするところが分かってきます。

弱点には，実態に合った指導・支援を行い，得意とするところは，これまで以上に伸ばしたり，弱点を補ったりするものとして，活用の仕方を考えていきます。

　それぞれの指標得点が低いと，学校生活を送る上で，以下のような困難さが想定されます。具体的な支援策とともに表にしてみました。

　（なお，2021年に，最新のWISC-Vが出ています。）

指標	難しいこと	具体的な支援策
言語理解 (VCI)	聞いたことを理解する。 思っていることを言葉で表す。 伝えている人の意図を汲み取る。 話の流れに沿って考える。	短く指示するだけでなく，質問をして自分の言葉で表現させる。支援者が伝えたいことを言語化し，手本となるようにする。
知覚推理 (PRI)	集団の様子や状況を読み取る。 見通しを立てる。 文字の形を捉えたり図を読み取ったりする。	絵や図などの視覚的手掛かりを使う。見本を示す。太字や囲いをして見せたいところを強調する。ポイントとなるところを拡大や色分けをして捉えやすくする。
ワーキングメモリー (WMI)	指示を一度で覚える。 やり方を一度で覚える。 整理整頓をする。 学習したことを短期間で定着させる。	情報量を減らす，可視化するなどの工夫をして，指示を伝える。いつでも確認できるようにメモを残す。
処理速度 (PSI)	集団と同じペースで活動する。 板書をノートに書き写す。	粗大運動や手先の巧緻性を高める運動を行う。 作業量を減らす。苦手なことを補えるような道具を使う（太めの鉛筆，グリップ，スリット付き定規，タブレットなど）。

KABC-Ⅱ

❶KABC-Ⅱ（ケイ・エイビーシー・トゥー）日本語版とは

　KABC-Ⅱは，認知能力だけでなく学習の習得度を知ることができます。学習のどの部分に得意不得意があるのか分かりやすい指標を用いているので，実際の支援にいかしやすいと言われています。

❷何が分かるのか

　KABC-Ⅱには，認知尺度と習得尺度があります。認知尺度は，認知能力を４つの尺度で測定します。習得尺度は，語彙，読み，書き，算数に関する知識・技能の全般的な習得状況を示します。KABC-Ⅱの最大の特徴は，これまで学んできた学習がどのくらい積み重なっているのか算出されることにあります。

❸どのように支援にいかすか

　認知尺度と習得尺度の比較をします。習得尺度が高い場合は，認知能力を十分に活用できていると解釈できます。一方で認知尺度が高い場合は，逆にうまく活用できていないと解釈できるため，学習への動機付けや興味・関心，学習習慣や教室，家庭環境の調整など，その子への支援を考えていきます。

　また，作業や学習を時系列に沿って一つ一つ順番に取り組んでいくこと（継次尺度）が得意か，複数あるものを同時に取り組んでいくこと（同時尺度）が得意かを比較します。その子の高い尺度を把握して，「長所活用型」の支援を計画していくことが大切です。

最後に

　心理検査を実施することで，検査を受けた子どもの知能水準や認知特性を把握することができます。そのため，「知的障害がないこと」が前提となる

通級指導教室を利用するために，必要とされる検査となっている自治体も多いです。

　これらの検査の結果を参考にする上で忘れてはいけないことは，単に数値だけを見て判断してはいけないということです。心理検査を行う最大のメリットは，本人の中で，得意とする力と苦手とする力を把握できる点にあります。WISC-Ⅳの4つの指標得点を比べる際に，それぞれの指標に大きな開きがある場合は，何らかの困難があり，指導や支援が必要だと判断していいでしょう。たとえ全体的に数値が高くても，それぞれの指標の間に大きな開きがあると，生活や学習の中で困難を感じる原因になります。

　大事なのは，結果から分かったことをもとにして，主訴（困っていること）は何か明確にした上でその子の得意な力を支援にどのようにいかしていくのか，苦手なところをどのように指導・支援していくのかを考えることです。そのために，検査機関やスクールカウンセラーなどの心理職と連携し，効果的で実行性の高い指導・支援策にしていきましょう。積極的に話を聞いていきましょう。

【参考文献】
・Wechsler, D. 著　日本版 WISC-Ⅳ刊行委員会訳編『日本版 WISC-Ⅳ知能検査　理論・解釈マニュアル』日本文化科学社
・上野一彦・松田修・小林玄・木下智子著『日本版 WISC-Ⅳによる発達障害のアセスメント―代表的な指標パターンの解釈と事例紹介―』日本文化科学社
・一般財団法人特別支援教育士資格認定協会編　竹田契一・上野一彦・花熊曉監修『特別支援教育の理論と実践［第2版］Ⅰ　概論・アセスメント』金剛出版

7 個別の教育支援計画について知ろう

個別の教育支援計画とは何か，どのように作成したらよいのかを知ると支援にいかせます。

（藤田　正美）

個別の教育支援計画とは

　個別の教育支援計画とは，関係機関と連携した長期的な支援の計画を示すものです。子どもに関係する皆で作成するものです。東京都教育委員会では以下のような考え方が示されています。なお，東京都では個別の教育支援計画のことを「学校生活支援シート」と呼んでいます。

- 保護者，教育，保健・医療，福祉等が連携し児童・生徒を支援していく継続的な計画である。
- 教育，保健・医療，福祉等が行ってきた支援の情報を共有するものである。
- 入学時や進級・進学時の引継ぎを確実に行うためのものである。
　（東京都教育委員会『「つながり」と「安心」　保護者とともに作る個別の教育支援計画』平成28年３月）

　平成29年告示の小学校，中学校の学習指導要領でも，総則の中で個別の教育支援計画について述べられています。通常の学級に在籍する障害のある児童等は，作成し，活用することに努めるとされています。特別支援学級に在

籍する児童等や，通級による指導を受ける児童等については必ず作成し，活用するものとされています。

個別の教育支援計画の作成の手順例

　個別の教育支援計画の書式については文部科学省が参考様式を示し，自治体ごとにも様々な書式がありますが，主に次のような項目が含まれていることが多いでしょう。

---

①本人の現在の様子　　②本人や保護者の願い
③支援の目標及び支援方法　④支援機関と支援内容
⑤支援会議の記録　　　　⑥支援の評価と課題（引継ぎ事項）

---

　①については，できないことや課題ばかりではなく，必ずその子どもの興味のあることや得意なことも含めて書きましょう。手立ての検討にいかすことができます。

　②③④については，子ども本人や保護者の願いを十分に聞いた上で，保護者と関係機関と連携して作成し，引継いでいきます。また学校での支援方法は，合理的配慮として，非常に大切です。個別の教育支援計画への記載があれば，進学した先の授業や定期テストにおいて今までと同様の配慮を受けられたり，入学試験において配慮申請を認められたりします。

　支援会議を行ったときは，⑤に記入しましょう。日付，参加者，話し合われた内容を簡単に書いておきましょう。

　資料を引継ぐときには，⑥に目標に対しての評価や，これからの課題などを記入しましょう。

　個別の教育支援計画の記入は，子どもと一番かかわりの深い担任が行うことが多いです。コーディネーターは取りまとめ・窓口として，記入したものを大切に保管し次へ引継ぐことが大事な仕事となります。

8 個別の指導計画について知ろう

個別の指導計画とは何か，どのように作成していくのかを知っておくと支援にいかせます。

(藤田　正美)

個別の指導計画とは

　個別の指導計画とは，学校での具体的な指導目標，指導内容及び指導方法の計画を示すものです。学習指導要領には「教育課程を具体化し，障害のある児童生徒など一人一人の指導目標，指導内容及び指導方法を明確にして，きめ細やかに指導するために作成するもの」（小学校学習指導要領・中学校学習指導要領（平成29年告示）解説総則編）と書かれています。

　通常の学級に在籍する子どもについての個別の指導計画の作成は，努力義務にとどまっているため，まだまだ作成している割合が低い現状があるかもしれません。今後，特別な配慮を必要とする子どもの個別の指導計画作成が広がっていくとよいです。

個別の指導計画の作成の手順例

　個別の指導計画の書式については，自治体によって様々です。いずれの書式でも，おおまかには以下のような手順で作成していくとよいでしょう。

①**実態把握（アセスメント）**：家庭や学級での子どもの現在の状態，子ども

本人や保護者の願い，興味・関心，生育歴，諸検査記録など様々な情報を多面的に集約します。

②**指導目標の設定**：実態把握から子どもの課題を焦点化し，何を目指していくか目標（ねらい）を考えます。およそ1年程度の「長期目標」と学期ごとの「短期目標」を設定します。漠然とした表現ではなく，何をいつまでにどこまでその子に身に付けさせたいか，具体的な表現で書きます。

　例：一斉指導で，注目して教師の話を聞けるようになる。（長期目標）

　　　教師からの個別の促しで，話を聞けるようになる。（短期目標）

③**指導内容・指導の手立ての検討**：目標を達成するために，どんな指導をどのように行うのか，具体的に書きます。

　例：教師に注意を向けさせる合図を決めておき，話を聞くことができたら褒める。

④**評価**：子どもに指導をしてから，目標がどこまで達成されたか，残された課題は何か，などを評価します。この評価をもとに，指導目標や指導内容を修正していきます。

　例：個別の促しにより，話を聞こうとすることが増えてきた。

　最近では，通級による指導を受けている場合に「連携型個別指導計画」として一つの書式で，在籍学級と通級それぞれの指導目標や指導内容を書くこともあります。個別の指導計画は学級担任が中心となって実際に記入していきます。その際，通級担当教員や校内の子どもに関係する教員も，個別の指導計画の作成にかかわるようにしていきます。コーディネーターとして，一人で抱え込まないようにしましょう。作成して終わりではなく，子どもの支援のために，校内委員会などで関係者が共通理解をしていくための大切なツールとして活用していきましょう。

9 居住地校交流について知ろう
－副次的な学籍による交流－

居住地校交流は，特別支援学校に通っている子どもたちと，住んでいる地域の小・中学校に通う子どもたちとのつながりをつくります。

(本多　秀年)

居住地校交流とは

❶居住地校交流ってどんなもの

　東京都では副籍制度と呼ばれ，「都立特別支援学校の小・中学部に在籍する児童・生徒が，居住する地域の区市町村立小・中学校（地域指定校）に副次的な籍（副籍）をもち，直接的な交流や間接的な交流を通じて，居住する地域とのつながりの維持・継続を図る制度」（東京都教育委員会『副籍ガイドブック』平成26年3月）のことです。

　実際に学校へは来ないけれどお互いの情報を交換し合うような間接交流と，直接触れ合いながら一緒に活動する直接交流があります。児童等の実態に合わせて，無理のないようにお互いを知る機会をつくれるようにしていきます。

❷コーディネーターの役割

　年度当初に，特別支援学校の担当から居住地校交流をやりたい旨の連絡があり，連絡調整は，コーディネーターの仕事になります。まずどの学級で交流をするのかを決め，交流学級担任と特別支援学校との橋渡しをします。特別支援学校の担当とは，どんな形の交流をいつ行うかを話し合います。そして，居住地校交流の計画書を作成します。終了後には報告書も作成します。

居住地校交流のやり方

❶間接交流

　特別支援学校の児童等の中には，直接来校することが難しい子がいる場合があります。そのようなときは，お互いの情報を交換しましょう。学校便り，学級便り，顔写真や行事の写真などを交換することにより，お互いの様子を知らせ合いましょう。また，作品を送ってもらって廊下に掲示したり，展覧会で作品を展示したりすると，存在がより近くなります。

❷直接交流

　児童等と保護者が一緒に来校します。直接顔を見ながら，1～2時間共にかかわりながら活動します。授業，休み時間，給食など，一緒に楽しめる時間を設定しましょう。ここで大切にしたいことは，ただ楽しむのではなく，どうすれば「一緒に」楽しめるかということです。相手だけでなく，自分たちも楽しめるように考えましょう。そのためには，特別支援学校から交流に来る子の様子を事前に聞き取り，学級の子どもたちが考える時間を確保できると，交流が深まります。

❸地域の中で

　同じ地域に住む友達ということを大切にしたいので，学校外でも会える機会をつくります。そのためには，地域で行われる行事などを知らせましょう。そこで会ったときに，「○○ちゃん」とたくさん声をかけられるといいですね。

居住地校交流で目指すこと

　どうしても活動ありきになることがあります。お互いを知り，みんなが楽しめる。そんな交流を目指しましょう。

10 合理的配慮について知ろう

合理的配慮とは何か，どんな実践例があるのかを知っておくと配慮の際に役立ちます。

（藤田　正美）

合理的配慮とは

　平成28年４月に施行された「障害を理由とする差別の解消の推進に関する法律（障害者差別解消法）」に社会的障壁の除去の実施について必要かつ合理的な配慮を的確に行うということが示され，公立学校において合理的配慮を行うことが，義務になりました。

　合理的配慮は，意思の表明があった場合に行うことや実施に伴う負担が過重にならないように行うことが明記されています。本人（子どもの場合は保護者の場合も）が申し出た配慮を，学校がどこまで実施可能か子ども本人や保護者とよく話し合い，決定していきます（このことを「合意形成」と言います）。合理的配慮の申し出は，担任になされたり，コーディネーターが窓口となったりする場合がありますが，担任やコーディネーターが自分で判断することはありません。校長のリーダーシップのもと，組織的な対応をしながら合理的配慮の提供について決定します。合理的配慮の提供が決まったら，個別の教育支援計画へも明記しておきましょう。

合理的配慮の実践例

　合理的配慮は，「１　教育内容・方法」，「２　支援体制」，「３　施設・設備」の３観点とその下に11の項目が示されています。項目については，次ページを参照してください。ここでは，「読み」と「書き」に困難さのある子どもの合理的配慮の実践例を取り上げます。

❶読みに困難さがある場合

　教科書やテスト問題にルビを振る方法や読み上げをする方法があります。特に中学校では，試験問題にルビを振ることはよくあるようです。試験問題をＡ３用紙に拡大，試験時間の延長，問題の読み上げをしている生徒もいるという例もあります。こうした合理的配慮を受けている生徒は，高校入試時にも配慮を受けることができることがあります。GIGA スクール構想で，１人１台の端末を使えるようになりました。今後は，この端末を活用した合理的配慮も多くなってくることが予想されます。

❷書きに困難さがある場合

　タブレットのカメラ機能を活用して子どもが板書を撮影したり，教員が学習補助ワークシートや板書計画を渡したりする方法があります。みんなが使いやすいという視点で，配付ワークシートが穴埋め式になっており，板書を参考に記入していけるようにしている例もあります。中学生の場合は，提案した合理的配慮を生徒自身が受け入れなかったということもあるようです。中学生は思春期で他の生徒と異なることに対して，抵抗感がある場合がありますので，本人の思いに沿った配慮が特に求められます。

　この他にも，感覚過敏のある子どもにイヤーマフの利用を認めるなど，実態に応じた様々な配慮の実践例があります。合理的配慮の実践例については，各自治体で実践集を出しているところもあります。また，文部科学省や各自

治体のホームページ，国立特別支援教育総合研究所の「インクルDB（「合理的配慮」実践事例データベース）」にも実践例が載っているので，ぜひ校内の教員に紹介しましょう。

合理的配慮の3観点11項目

合理的配慮には下記観点と項目があります。

1 教育内容・方法
　1－1　教育内容
　　1－1－1　学習上又は生活上の困難を改善・克服するための配慮
　　1－1－2　学習内容の変更・調整
　1－2　教育方法
　　1－2－1　情報・コミュニケーション及び教材の配慮
　　1－2－2　学習機会や体験の確保
　　1－2－3　心理面・健康面の配慮
2 支援体制
　2－1　専門性のある指導体制の整備
　2－2　幼児児童生徒，教職員，保護者，地域の理解啓発を図るための配慮
　2－3　災害時等の支援体制の整備
3 施設・設備
　3－1　校内環境のバリアフリー化
　3－2　発達，障害の状態及び特性等に応じた指導ができる施設・設備の配慮
　3－3　災害時等への対応に必要な施設・設備の配慮

【参考文献】
・「共生社会の形成に向けたインクルーシブ教育システム構築のための特別支援教育の推進（報告）」文部科学省　中央教育審議会初等中等教育分科会　平成24年7月23日

第5章

9・10月
関係機関と
つながろう

関係機関と連携して子どもについての理解を
深め，よりよい支援につなげていきましょう。
ケース会議の実践例は，全て架空のケースで
す。

1 学校外で連携できる 関係機関を確認しよう

関係機関を確認し連携していくことで，より効果的な支援を行うことができます。

(尾形　俊亮)

　コーディネーターの役割の一つとして，「外部の関係機関との連絡調整等の役割」があります。まずは，学校外で連携できる関係機関を確認しておきましょう。なお，以下に列記した関係機関は自治体によっては設置していなかったり，名称が異なったりする場合があります。

　初回の連絡は所属長同士で行い，その後コーディネーターや担当者間で連絡を取り合うとよいでしょう。

支援の見直しや検討にあたり，助言がほしいときの関係機関

❶巡回相談員

　各学校を巡回し，教員に対して教育上特別の支援を必要とする児童等に対する支援内容・方法に関する支援・助言を行うことを目的として，教育委員会・学校等に配置された専門的知識を有する指導主事・教員等のことです。巡回相談員は専門家チームと学校の連携の補助の役割も担っています。

❷専門家チーム

　各学校に対して障害による困難に関する判断，望ましい教育的対応等についての専門的意見を示すことを目的として，教育委員会等に設置された組織

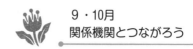

のことです。教育委員会の職員，特別支援学校の教員，心理学の専門家，理学療法士，作業療法士，言語聴覚士，医師等で構成されています。

❸特別支援学校

　地域における特別支援教育の要として，各学校の要請に応じて，教育上特別の支援を必要とする児童等の教育に関し必要な助言又は援助を行うセンター的機能を担っています。エリア内にある特別支援学校に直接連絡して学校への支援を依頼します。

児童等が利用している関係機関との連携

　学校だけで児童等の支援をしているわけではありません。既に利用している関係機関と連携して，ケース会議などで児童等の実態や支援策を共通理解することが大切です。

　これらの関係機関と連携する場合，基本的には保護者の承諾を得るようにしますが，公的な機関については校長の判断のもとに承諾を得ずに進める場合もあります。また，民間の機関については費用が発生しないかどうかも確かめておきましょう。以下に関係機関の例を列記します。

---

①主治医（医療機関）
②放課後等デイサービスや民間の療育機関
③放課後児童クラブ
④通級指導教室（自校が設置校の場合は，校内の関係者となる）
⑤適応指導教室，フリースクール（不登校の場合）
⑥教育委員会所管の教育相談機関，民間の教育相談機関
⑦児童発達支援センター（就学前に利用していた場合）
⑧児童家庭支援センター，児童相談所（家族支援が必要な場合）

---

2 関係機関の助言を受け，支援を見直そう

支援の見直しや新たな支援の検討を行うために，関係機関に支援や助言を依頼します。

（尾形　俊亮）

　支援の見直しや検討を行うために巡回相談員，専門家チーム，特別支援学校のコーディネーターに助言を依頼する場合は，以下の手順で進めましょう。

計画の立案

❶実施日時，対象者，関係機関の決定

　まずは実施日時，対象者，助言を依頼する関係機関を決めます。先方の都合により，実施日時や対象者の数が決まる場合もあるので，早めに関係機関と連絡を取りましょう。

❷当日のおおまかな流れ

来校 → 管理職への挨拶 → 観察前の情報共有 → 行動観察 → 指導・助言

　対象者が複数いるときには，先に全員分の行動観察を終えてから指導・助言を受ける場合と，1名ずつ行動観察と指導・助言を繰り返していく場合が考えられます。なお，放課後や長期休業中に実施する場合は，行動観察を省略します。

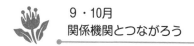

❸行動観察

　児童等の実態や助言してほしい内容を踏まえて，課題が出やすい場面を設定します。例えば，書字に課題がある場合は板書を写す場面の多い授業，友達とのかかわりに課題がある場合はグループでの話合い活動の多い授業が観察場面になるよう，担任と相談の上，可能な範囲で調整しておきましょう。また，当該児童等のよさをいかすという観点から，得意な活動や授業外の時間（休み時間や給食，清掃）など，複数の場面を観察してもらうとさらによいでしょう。

❹指導・助言

　コーディネーターに加え，担任が同席することが望ましいので，休み時間を活用したり校内で補教体制をつくったりするなど，工夫しましょう。どうしても難しい場合は，コーディネーターが指導・助言の内容を聞き取っておき，後ほど担任に伝えます。また，必要に応じて保護者に対して直接助言してもらうことも考えられます。

前日までの準備

　当日，行動観察前の情報共有で伝えたいことをまとめておきます。ここで伝えたい内容としては，主訴，最近の様子，観察時の配慮事項，助言してもらいたいことなどです。コーディネーターや担任がその場に同席できない場合も考えられるので，簡潔に書面にまとめておくとよいでしょう。

　その他，用意しておくとよいものは，以下の通りです。自治体によっては，専門家チーム等の派遣について所定の提出書類がある場合があるので，確認しておきましょう。

①当日の予定表
②座席表（対象者の座席が分かるようにしておく）
③校内案内図（対象者の教室や活動場所が分かるようにしておく）
④対象者に関する資料（個別の教育支援計画，個別の指導計画，発達検査の結果など）
⑤学校要覧（初めて来校する場合）
⑥玄関や靴箱の表示，使用教室の確認など

　行動観察やその後の指導・助言の時間を長く取るために，資料をあらかじめ送付したり，電話で事前の情報共有を済ませたりしておくことも有効です。

当日のコーディネーターの役割の例

①出迎え
②観察前の情報共有の際の説明
③行動観察時の誘導
④学校への指導・助言や保護者面談の際の進行（時間管理）や記録
⑤事務手続き（自治体所定の書類がある場合は記入・押印など，継続して依頼する場合は次回以降の予定確認など）

　当日の一連の対応はコーディネーターが行うことが望ましいですが，授業をしている場合も多いでしょう。コーディネーターが対応することが難しい場面は，事前に役割分担をしておき，関係機関の方が来校中に困らないようにしておきましょう。

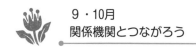
学校への指導・助言を受けて

　校内委員会で指導・助言の内容を情報共有します。また，新たな支援策について提案，検討し，支援体制や役割分担を確認します。全校で共通理解しておいた方がよいことについては，職員会議や職員打合せなどで報告します。

当日の流れの例

❶対象者1名　保護者面談あり　午前3時間

9：15	来校，挨拶〔校長室〕
9：20－9：30	観察前の情報共有〔校長室〕
9：35－10：20	行動観察（2校時）〔教室〕
10：20－10：40	行動観察（休み時間）〔校庭〕
10：40－11：25	学校への指導・助言〔会議室〕
11：30－12：00	保護者面談〔会議室〕
12：05－12：15	事務手続きなど〔校長室〕

❷対象者3名　保護者面談なし　午前3時間

9：20	来校，挨拶〔校長室〕
9：25－9：35	観察前の情報共有〔校長室〕
9：35－10：20	行動観察①（2校時）〔各教室〕
10：20－10：35	学校への指導・助言①（休み時間）〔会議室〕
10：40－11：40	行動観察②③（3校時～4校時の途中まで）〔各教室〕
11：45－12：15	学校への指導・助言②③（4校時）〔会議室〕
12：15－12：20	事務手続きなど〔会議室〕

3 医療機関とつながろう

医療機関の利用を慎重に検討し，支援の選択肢を広げます。

（尾形　俊亮）

医療機関の利用を検討する

　医療機関と聞くと，投薬のイメージが強いかもしれません。日々の対応に苦慮しているケースの場合，その効果を期待することもあるでしょう。特にADHDの場合，投薬で行動を落ち着かせ，できることを増やし成功体験を積み重ねることで行動改善が見込まれる場合があります。しかし，投薬により全てが解決するわけではありません。また，副作用の心配もあります。

　一方，投薬の他に，医療機関でしかできないこととして診断があります。実際に診断を受けた保護者からは「自分の子育てのせいではないと分かりホッとした」「我が子の行動の意味が分からなかったが納得した」などと肯定的な話を聞くことがあります。また，診断を受けることで福祉サービスを受けられる場合があるので，支援の選択肢が広がります。

　投薬にしても診断にしても，子どもや保護者の心理的負担は計り知れません。診断を受けることにより，「『障害者』という烙印を押されたようでショックだった」と話す保護者もいます。これらのことを踏まえた上で，医療機関の利用については慎重に検討する必要があります。

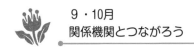

これから医療機関につなげる

　基本的には学校から医療機関の受診を勧めることはありません。ただ，保護者のニーズに合わせて相談を受けたり，情報提供を行ったりする場合があります。その際に留意すべき点として，以下のようなことが挙げられます。

---

① 学校側から保護者に情報提供を行う場合は校内委員会で十分に検討の上，必要と判断された場合のみ行う。

② 保護者との信頼関係が十分に構築されていない場合は，保護者からの相談であったとしても，一般論として情報提供を行う。

③ 投薬ありきではなく，投薬の効果やその必要性の判断も含めて受診の上で相談するように伝える。無理強いせずに，あくまでも選択肢の一つとして医療機関の受診について情報提供する。

④ なるべく複数人で面談を行う。保護者の承諾を得た上で，スクールカウンセラーが同席するとよい。

⑤ 特定の医療機関を勧めることは避ける。ただし，近隣の医療機関の情報はあらかじめまとめて把握しておくとよい。

既に利用している医療機関と情報交換を行う

　医療機関との情報交換は基本的には保護者を介して行いますが，必要に応じて，学校が直接医療機関とやり取りすることもあります。その際の手順の例は次の通りです。第5章8のケース会議の例もご参照ください。

① 保護者の了承を得る

② 医療機関に連絡する（ご都合を伺う）

③ 情報交換（ケース会議）※医療機関への訪問，電話，医師の来校など

④ 校内委員会及び保護者に報告する

4 次の学びの場につなぐときに気を付けること

次の学びの場につなぐときは，十分な情報提供と本人・保護者のニーズの把握を心掛け，急がず丁寧に合意形成を図っていきます。

（尾形　俊亮）

試行錯誤を繰り返しながら支援を続けてきた結果として，学びの場を変えることを検討する場合があります。ここでは通常の学級から特別支援学級への転学を検討するケースを例に，配慮すべき点について確認していきます。

転学を検討する場合

特別支援学級に転学する場合，当該児童等の在籍する学校が設置校でなければ，転校することになります。また，心理検査はもちろん，自治体によっては医師の診断書が必要な場合もあり，子どもや保護者の精神面も含めた負担は計り知れません。したがって学校から転学の検討を提案する場合は，校内委員会で熟考する必要があります。

転学を検討する児童等の実態には以下のようなケースが考えられます。

①校内でできる支援を行ってきたが，通常の学級での一斉指導により当該学年相応の学習を進めていくことが難しい場合
②登校しぶり，暴言や暴力などの不適切行動が見られ，その行動が当該児童等の障害に起因する場合，又はその可能性がある場合

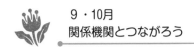
保護者面談を行うにあたって

　保護者との面談は必ず複数人で行うようにします。学級担任，コーディネーターはもちろん，必要に応じて管理職，学年主任，養護教諭，スクールカウンセラーなどが入ります。ただ，学校側の人数が多すぎると保護者に圧迫感を与えてしまう場合があるので，精選することも大切です。

　面談で行うことは，情報提供と本人・保護者のニーズの聞き取りです。転学を検討するケースの場合，それまでに面談を重ねてきていることがほとんどです。今までの面談の経過も踏まえて，子どもの強みや課題を整理・確認し，転学することのメリットとデメリットを丁寧に伝えます。

　多くの特別支援学級では見学会や相談会を行っていますので，結論を出す前に参加を勧めてみましょう。はじめは気が進まなかった保護者が，特別支援学級でいきいきと楽しそうに学んでいる子どもたちを見て，転学を決断したというケースも少なくありません。なお，見学会などの日程が合わないときには，個別に対応してもらえる場合もありますので，管理職を通して問い合わせてみましょう。

忘れてはいけないこと

　学校は，子どもの学びを保障するとともに子どもの自立を目指して，また子どもの幸せを願って転学の検討を提案します。しかし，提案することで保護者との信頼関係が崩れる可能性もあります。十分な情報提供とニーズの把握を心掛け，提案が善意の押し付けにならないように気を付ける必要があります。支援は早いに越したことはありませんが，急がず丁寧に合意形成を図ることが大切です。

　合意形成が図れたら，自治体で決められた手順に沿って手続きを進めます。

5 ケース会議で つながろうⅡ
ー学校外の関係機関とのケース会議のポイントー

ケース会議で関係機関との情報共有や支援の共有化，役割分担を行い，子どもの成長を支えていきます。

（尾形　俊亮）

　第3章10でも述べた通り，ケース会議とは校内委員会の判断で特別な支援を必要とする子どもにかかわる人たちでつくるチームによる会議です。必要に応じて学校外の関係機関とケース会議を行い，情報を共有したり，支援内容を相談したりしていきましょう。

関係機関が主催するケース会議に参加する場合

　児童相談所や児童家庭支援センターなどの関係機関が主催するケース会議に参加するように依頼を受けることがあります。なお，主催は関係機関ですが，学校を会場として提供する場合もあります。依頼の連絡は管理職宛てに来ることがほとんどです。参加者も管理職と当該児童等の担任の場合が多いですが，管理職の判断でコーディネーターが参加することもあります。

　このようなケース会議の場合，参加者が多くなるので，主催者にケース会議の目的や必要な情報を確認しておき，校内の参加者で事前に打合せをしておきましょう。時間を有効に使うためには，あらかじめ話す内容を簡潔にまとめておくことが大切です。打合せにはできるだけコーディネーターも参加するようにします。特に管理職が参加しないケース会議の場合には，学校を代表する立場で参加することになるので，管理職の意向をしっかり確認して

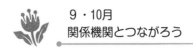

おきましょう。

学校がケース会議を主催する場合

　関係機関と当該児童等の実態について情報共有することはもちろん，支援の共有化や役割分担を行う目的で，学校がケース会議を主催することがあります。基本的な進め方は，次の通りです。

❶計画・準備

　まず参加者を決め，管理職を通して依頼します。次に当日の進行表を作ります。時間配分はもちろん，話す順番も考えておきましょう。玄関や靴箱の表示，席札などの準備も忘れずに行います。

❷ケース会議当日

　進行や記録をコーディネーターが担当します。初めて集まる場合には，顔合わせの意味合いも大きいので，自己紹介から始めましょう。時間の都合上，省略する場合には座席表や参加者名簿（名前・所属・役職や立場を記載）を用意しておきます。なお，参加者は多用の中，都合をつけて参集するわけですから，目的やゴールを明確に示し時間内に終わるようにしましょう。

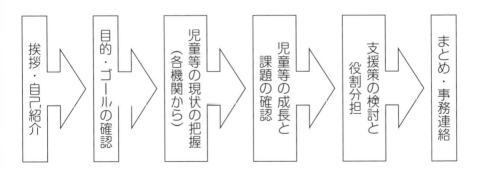

挨拶・自己紹介 → 目的・ゴールの確認 → 児童等の現状の把握（各機関から） → 児童等の成長と課題の確認 → 支援策の検討と役割分担 → まとめ・事務連絡

6

ケース会議の実践例①
放課後等デイサービス事業所との連携

児童等の成長や課題を整理し，取り組みの優先順位や役割分担を考えます。

（尾形　俊亮）

　放課後等デイサービス事業所（以下，放デイ）とのケース会議を例に，会議の目的や流れを確認しましょう。なお，放デイでは，就学している障害児に対して，放課後や休業日に，生活能力の向上のために必要な訓練や社会との交流の促進などを行います。

ケース会議の概要（10月○日13：30−15：30，小学校会議室にて実施）

参加者　小学校（学級担任，コーディネーター，通級担当教員）
　　　　放デイ職員2名，保護者（母）
目　的　児童の成長と課題を整理し，取り組みの優先順位と支援策及び役割分担を考える。
備　考　進行：コーディネーター，記録：通級担当教員

ケースの概要

　小1児童。入学当初から通級指導教室（週1回）を利用，6月から週2回，放デイを利用しています。絵を描くことや工作が好きで，発想が豊かです。一方，自分のやりたいことを優先しており，集団の中でルールを守って学習

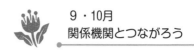

や生活を進めることが難しい様子があります。体の使い方がぎこちなく，文字を書くことが苦手です。

ケース会議の流れ

❶授業参観（放デイ職員のみ）

❷当該児童の最近の様子についての情報共有

	成　長	課　題
通常の学級	教室外への飛び出しは減ってきている。図工の時間にみんなから認められ，自信をもっている。	書字に苦手さがあり，学習意欲が低下している。一斉指導で学習に取り組むことが難しい。
通級指導教室	友達とのよいかかわりが増えてきている。	体の使い方にぎこちなさがあり，運動の小集団指導を嫌がる傾向がある。
放デイ	好きなキャラクターを用いたワークシートを作成したことで，学習に取り組めるようになってきている。	施設内の備品へのいたずらが見られる。ルールを守れたときのご褒美を用意することで対応中である。
家　庭	学校を嫌がることなく，楽しみにしている。	宿題に取り組ませることが難しい。

❸今後の支援策の検討と役割分担

通常の学級	書字については無理をさせない。図工など得意なことで友達に認められる場面をつくる。
通級指導教室	教師が仲介しながら友達との楽しい活動を行い，集団参加の基礎的な力を養う。体の使い方，書字については，指導時数を1時間増やして，個別に指導する。
放デイ	宿題や算数の個別学習に取り組む。ご褒美を活用したよい言動の強化を試す。
家　庭	お手伝いや外遊びなどに家族で取り組む。書字や体の使い方について専門的なアセスメントを行うため，医療機関や相談機関の利用を検討する。

7 ケース会議の実践例②
小学校から中学校への引継ぎ

3月にも小学校から中学校に依頼してケース会議を実施することで，切れ目ない支援を目指します。

（尾形　俊亮）

ケース会議の概要（3月○日15：30－16：30，小学校会議室にて実施）

参加者　小学校（学級担任，コーディネーター，支援員，通級担当教員）
　　　　中学校（コーディネーター兼養護教諭，通級担当教員）
　　　　その他（学区域の特別支援学級指導教諭）

目　的　児童の実態や小学校で行っていた支援を中学校に伝え，入学後の円滑な支援につなげる。

備　考　小学校から中学校に依頼して実施
　　　　進行：小学校コーディネーター，記録：小学校支援員

ケースの概要

　小6児童。医療機関の受診及び服薬あり。小3の3学期から通級指導教室を利用しています。小5の2学期に友達とのトラブルが原因で，教室で過ごすことが難しくなりました。しかし，新年度のクラス替えを経て，教室で過ごせるようになってきました。

　進学する中学校は，学校選択制を採用している自治体であるため，学区域の中学校ではなく通級指導教室設置校を選択しました。通級の申し込みも行

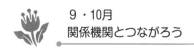

い，4月からの利用も決定しています。

ケース会議の流れ

❶小学校からの報告と中学校からの質問

　小学校から児童の実態や現在行っている支援について報告し，中学校からの質問事項に答えました。

　当該児童は，不安を感じたり思いどおりにいかなかったりしたときにパニックになったり，気持ちや行動の切り替えに苦手さが見られたりします。ざわざわした音が苦手なため，時間をずらして登校していますが，時々登校しぶりが見られます。現在行っている主な支援は次のとおりです。

• 朝，登校しぶりがあった場合の学校からの電話連絡及び遅刻時の保護者付き添いなしでの登校。
• 教室近くのクールダウン部屋の用意。
• 学習課題の軽減（宿題を含む）。

❷中心に行う支援の検討

　現在，小学校で行っている支援をどのような形で継続するのか，また新たに必要な支援は何かを中心に検討を行いました。

• 朝の電話対応は養護教諭が行う。中学校は遅刻の場合，保護者の付き添いは必須ではないので問題ない。
• クールダウン部屋の確保はできる見込み。
• 学習課題の軽減などは今までに校内で対応したケースがなく，合理的配慮として妥当かどうか校内での確認が必要。
• 春休み中に保護者同伴で来校してもらい，学校案内を行う。入学式前日の午後であれば，式場の確認も可能。
• 合理的配慮に関する校内研修の実施（指導教諭からの提案）。

8 ケース会議の実践例③
医療機関との連携

保護者の承諾を得て，子どもの成長と課題について学校の立場で主治医に伝え，今後の支援について助言を受けます。

（尾形　俊亮）

ケース会議の概要（9月○日15：30－16：30，○○病院にて実施）

参加者　校長，学級担任，コーディネーター，養護教諭，通級担当教員，主治医

目　的　学校での様子を主治医に伝え，今後の支援の方針について助言を受ける。

備　考　進行：コーディネーター，記録：養護教諭

ケースの概要

　小6児童。小2の2学期から通級指導教室を利用しています。医療機関の受診についても同時期から始めています。服薬をしていますが，最近，本児が拒んでいるという報告を家庭から受けています。当初の主訴であった多動については年齢とともにおさまってきています。普段は優しい性格で友達も多いですが，思いどおりにならないときには友達や教員に対して暴力を振るうこともあります。また，一斉指導で学年相応の学習についていくことが難しくなってきており，授業中の離席も少なくありません。体格がよく，不適切な振る舞いがあったときに女性教員が一人で対応することが難しくなって

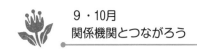

います。サッカーが好きでクラブチームに入って活躍しています。

ケース会議の流れ

❶学校からの報告

当該児童の学校での様子や中学校進学に向けて懸念していることを主治医に伝えました。

- 感情のコントロールが難しく，暴力を振るうなどの不適切な行動が見られる。体が大きくなってきており，自分自身や周囲の人たちがけがをしないか心配である。本児が服薬を拒んでいるという家庭からの報告もあり，どのように学校として対処していけばよいだろうか。

- 一斉指導で学年相応の学習に取り組むことが難しくなり，不適切な行動の要因にもなっている。中学校は通常の学級ではなく特別支援学級に進学する方がよいのだろうか。学習面の心配を除けば通常の学級で生活していけると思われるため判断に迷う。

❷主治医からの助言

学校からの報告を踏まえ，主治医から次のような助言を受けました。

- 服薬について，学校の様子を聞く限りもう少し続けていた方がよいと思うが，次回の受診日に本人と保護者の意向を確認する。

- できていることに着目させ，自尊感情を高めていくことが大切である。また，通級指導教室での感情のコントロールや援助要求のトレーニングは続けてほしい。

- 学習面については心理検査の結果を見ても厳しいと思われるので，特別支援学級も進学先として選択肢の一つに入るだろう。ただ，前回の実施から2年以上経過しているので，もう一度検査を行った上で病院からも提案する。

9 ケース会議の実践例④

入院していた子どもの
復学支援会議

心身の病気や障害で入院していた子どもが，学校に戻ってくる前に行うケース会議（復学支援会議）についても押さえておきます。

（石田　弥恵）

入院に伴い転籍する子どもの存在を知ろう

　心身の病気や障害で長期の治療を必要とする子どもは，入院した病院に設置されている院内学級や訪問学級に籍を移して，学習を継続することができます。担任や養護教諭，管理職が保護者と話をすることが多いと思われますが，治療後に学校に戻ってきてからのことは学校全体で考えて，支援を行う必要があります。こういった子どもへの支援策を検討するのも，校内委員会の役割と言えます。

入院時，入院中のかかわり

　入院が決まって保護者が学校へ来たときには，担任，養護教諭，管理職，コーディネーターなど，複数の教員で話を聞き，現状を正しく理解するよう努めます。保護者も子どもも不安が大きいですが，「治療中も学校とはつながっていたい」「治療後は，なるべく早く学校に戻りたい」という気持ちがあることを受け止めましょう。入院中は，可能な範囲でのつながりを続けましょう。

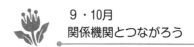

復学支援会議とは？

　退院や入院していた病院での治療終了が決まり，学校に戻ってくる見通しが立つと，ケース会議（ここでは「復学支援会議」と呼ぶことが多い）を行います。会議の目的は，学校に戻った子どもが安心して生活を送れるようにハードとソフト両面の環境をどのように整えるかを話し合い，検討することです。会議に参加するメンバーは，保護者（場合によっては子ども本人），医療関係者，転籍先の学校関係者，担任，養護教諭，管理職，コーディネーターなどです。入院中から保護者や転籍先の教員と連絡を取り合って，復学後に想定されることをリストアップしておき，会議で医療関係者に質問をします。その回答を受けて，会議後に支援策を検討して「個別の教育支援計画」を作成すると，復学を迎える体制づくりがより具体的になります。

復学にあたって

　心の病気，体の病気を経験したり，障害を受け入れたりして復学してくる子どもは，とても緊張して登校してきます。病気治療のため，外見が変わっていることをとても気にしている子どももいるかもしれません。緊急時の対応も含め，こういった状況にある子どもの情報と支援方法を校内委員会や職員会議の場で，全教職員が正しく共通理解できるように

> **復学支援会議（記録）**
>
> ○日時：R○年9月29日（木）
> 　　　　　　　　　　15：30～16：30
> ○参加者：保護者，管理職，担任，養護教諭，
> 　CO，院内学級教員，医療関係者
> ○学校からの質問（→回答）
> ・ならし登校の方法
> →1日1時間から始め徐々に時間数を増やす
> ・体育や部活での運動制限
> →リハビリ期間中は見学
> ・クラスの子どもへの説明の仕方
> →本人・保護者とよく話し合って伝えていく

しましょう。どの子どもにとっても学校は安心できる場であり，自分に合った学びができる場，そしてかけがえのない「居場所」になるよう，様々な関係者とつながるケース会議を充実させていきましょう。

第6章

11・12月
保護者と
つながろう

保護者の思いに寄り添いながら関係づくりを
しましょう。

1 「保護者に対する相談窓口」としての役割を考えよう

「保護者に対する相談窓口」として何を求められているか，果たすべき役割を確認し，保護者との協力体制の見通しをもてるようにします。

（青木美穂子）

「窓口」って何？

　前述の「ガイドライン」（文部科学省）の「特別支援教育コーディネーター用」の中に，教育上特別の支援を必要とする児童等の保護者からの相談については，コーディネーターが「相談窓口」の役割を担っていることが記載されています。

　「相談窓口」と聞くと，特別支援教育や発達障害についての専門的な知識を求められるのではと不安に思う方もいるかもしれません。しかし，「窓口」ですから，相談内容に対して適切な助言をしなければ…と考える必要はありません。むしろ，「窓口」の段階で，結論を出してしまうことの方が危険であり，避けるべきことと考えます。保護者が安心して話すことができるよう配慮しながら，相談を受け付けて，それを適切につなげばよいのです。

担任以外にも「相談窓口」があることを知らせよう

　保護者が子どものことで気になることがあったとき，担任以外にもコーディネーターが相談の窓口であることを学校便りや保護者会，入学説明会などで保護者に知らせておくとよいでしょう。

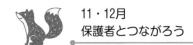

　保護者の側からすると，直接子どもにかかわっている担任には話しにくい場合もあります。そのようなときは，コーディネーターが相談窓口の役割を果たしましょう。「こんなことを相談してもよいのか」と躊躇している保護者にとって，気兼ねなく相談できる「窓口」があるということが，協力体制の第一歩につながります。まずは，コーディネーターも保護者にとっての「相談窓口」であることを知ってもらいましょう。

保護者から相談を受けたら

　子どもに関する相談は学級担任に寄せられることが多いですが，コーディネーターに直接連絡が来た場合，保護者からの要望や質問に即答することは避けます。一度言ったことを後から覆すのは不信につながります。より適切な対応を考えることができるように，「改めてお話を伺う機会をつくりたいのですが，いかがでしょうか」と，別日に相談の場を設ける方法もあります。状況を把握し，次につなげることが大切です。

　特に，「合理的配慮」にかかわること（第4章10参照）や，転学・就学に関すること（第5章4参照）は，慎重に対応します。

　保護者から連絡を受けたら，保護者の願いや課題（学習面，行動面，対人関係など）について，丁寧に聞き取りましょう。必要に応じて，生育歴や療育についての情報も得られるとよいですが，あくまで「窓口」ですから，無理に聞き出そうとせず，信頼関係を築けるように配慮することが大切です。情報を整理し，校内委員会のメンバーと次の支援につなげることが「窓口」としての役割です。

2 保護者の思いを 受け止めよう

児童等の支援を行う上で，保護者との連携は欠かせません。保護者の思いや心情に寄り添うことが，保護者と協力関係を築くための第一歩となります。

（青木美穂子）

保護者の立場を考え，思いを受け止めよう

　子どものつまずきや困り事への気付き方，障害に対する理解・考え方，保護者を取り巻く状況や背景はそれぞれ異なります。保護者の立場で考え，思いを受け止めましょう。

❶保護者が育てにくさを感じている場合

　保護者が一人で抱え込むことがないよう，「傾聴」「共感」を心掛けます。「他の子とちょっと違う…」と我が子の様子に不安や育てにくさを感じている保護者にとって，学校は敷居の高いところのようです。周囲から苦情を言われつらい思いをしたり，自分の子育てのせいではないかと自分を責めたりして悩んでいる保護者は少なくありません。育てにくい子どもを抱え，どのように苦労されているのか，労をねぎらいながら，保護者が安心して話すことができるよう配慮します。

❷保護者が課題を感じていないと思われる場合

　学校での様子と家庭での様子に違いがあることがあります。集団の中では，順番が守れない，一斉指示に従って行動できないなど，集団から外れてしま

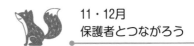

いがちな子どもでも，家庭での一対一の関係の中では課題が感じられないことがあります。子どもは相手や状況によって異なる姿を見せるということを前提にして，それぞれの場での子どもの姿をお互いに把握する必要があります。違いを理解し，情報を共有した上で，一緒に考えていく姿勢が求められます。

❸特別な支援に対して否定的な保護者の場合

特別な支援に対して抵抗感を抱いている保護者もいます。育てにくさや困難さを感じていても，「特別な支援を必要とする」ことに納得がいかなかったり，仲間外れにされるのではと不安に感じていたり，思いの背景は様々です。なかには，家族内での意見の食い違いにより，一人で悩んでいる保護者もいます。子どもだけでなく，保護者を取り巻く周囲の状況にも気を配り，思いを受け止めることが，保護者との信頼関係の構築につながります。

保護者の話を支援にいかそう

保護者は，子どもに関するたくさんの情報をもっています。今日に至るまでの生育歴や療育歴，こだわりの変遷などの情報は，育ってきた過程を知ることになり，見立てや今後の見通しを考える上で貴重な資料となります。

苦手なことや困っていることだけでなく，得意なことや好きなこと，夢中になっていることなどの情報は，子どもとの話のきっかけや教材作成など，指導にいかすことができます。

また，「出掛ける予定が中止になると大騒ぎになるけど，代わりの予定をカレンダーに書いて確認すると見通しがもて，受け入れられることが多い」「漫画やゲームが見えないように棚にカーテンを付けたら，宿題に取り組むようになった」など，家庭での対応の工夫は，学校での支援を考えるときの参考になります。

3 保護者との橋渡しをしよう

保護者と協働して支援を行えるよう，誰にどのようにつなげるとよいか，橋渡しの仕方を工夫します。

（青木美穂子）

適切な人につなごう

　コーディネーターが保護者から相談を受けたら，自分で解決しようとする必要はありません。校内委員会のメンバーと情報共有した上で，相談の内容に合わせて，適切な人につなぎます。

　つなぐ人としては，まず担任です。担任には言いにくいような内容の場合は，管理職がいいかもしれません。子どもや保護者の心の問題や発達に関する専門的な内容は，スクールカウンセラーがよさそうです。

　「合理的配慮」に関することや就学・進学に関することなどは，管理職に相談しましょう。

受けた相談について考える場を設定しよう

　対応・対策を考える場として，必要に応じて校内委員会を開きます。保護者からの相談内容，状況の確認，今後に向けての役割分担などを確認できるとよいでしょう。

保護者と担任の橋渡しをしよう

　場面や相手によって子どもの状態が異なることから，保護者と担任の考えが異なる場合があります。具体的な場面でのつまずきに焦点を当て，子どもの視点で話を進めるとよいでしょう。つまずきの背景を探ることと，つまずきの原因を誰かの責任にすることは違います。「できること」「できそうなこと」を一緒に考える中で，保護者と担任を「支援のパートナー」としてつなげていきましょう。

　担任や保護者からの依頼で，保護者会や保護者面談などに同席することがあります。依頼があったときは，自分に求められている役割を事前に担任や管理職と確認しておくとよいでしょう。その場で意見を述べなくても，同席することに意味があることもあります。保護者と協働して子どもを支える環境を一緒に整えていく気持ちで同席するとよいと思います。

相談機関や医療機関の利用を提案する場合

　多動や強いこだわりの様子から，発達障害が疑われるような場合でも，障害名を口にするのは避けます。保護者によっては，障害名を聞いただけで「レッテルを貼られたのではないか」「この学校にいられなくなるのではないか」と不安に思ったり不信感を抱いたりすることがあります。大切なことは，子どもがどのような場面でどう困っているのか，具体的に実態を把握し，子どもの状態像の共有を図ることです。

　校内委員会で協議した結果，相談機関や医療機関の利用を提案する場合は，学校から見放されたと保護者が思わないよう，配慮する必要があります。保護者のニーズに合わせて相談を受け取り，校内委員会で十分検討し，選択肢の一つとして情報提供をしていきましょう。

4 周囲の保護者への 理解啓発を図ろう

特別な支援を必要とする児童等に効果的な支援を行うためには，周囲の理解を得ることが不可欠です。

（青木美穂子）

理解啓発の取り組み

発達障害は，一見して障害が分かりにくいことから，周囲から「わがまま」「乱暴」「努力不足」と捉えられ，苦情やトラブルの原因になることがあります。

特別な支援を必要としている子どもが，困難さに応じた支援や配慮を受け，その子なりの力を発揮できるようにするためには，周囲の理解が不可欠です。支援を必要としている子どもに関する不満や不安を聞いたときに，感じ方やかかわり方，表現の仕方には人によって違いがあることや，温かなかかわりが大切であることを周囲の大人が伝えてくれると心強いです。

周囲の保護者に対する理解啓発については，学校全体で取り組むことが必要です。前述の「ガイドライン」（文部科学省）の「校長用」の中に，「全ての保護者に対して特別支援教育の理解の推進を図ることが重要」と記載されています。管理職と相談しながら，理解啓発の取り組みを進めましょう。

学校が目指している特別支援教育は，全ての子どもの成長を願っていること，その成長を支える一員として，保護者も一緒に協力してほしいことを伝えていくとよいでしょう。

保護者への理解を図る上では，特別な支援を必要とする子どもや保護者の

意向を確認しながら，個人情報の保護に留意し，誤解や不信感が生じないよう配慮する必要があります。

理解啓発の実践例

❶学校便り

年に１回でも，定期的に特別支援教育に関する記事を掲載できるとよいでしょう。

通級指導教室についての紹介例を載せます。

> 　通級指導教室には，現在○名の児童が週１～２時間程度通室しています。個々の課題に応じて小集団活動や個別学習を行い，友達とのかかわりを学んだり，自分の言動を振り返りながら解決方法を考えたりしています。できたことへの達成感を感じながら，自分の苦手なことに向き合い，学んだことをクラスの活動にいかしてくれることを願っています。

❷保護者会，入学説明会

保護者と学校の接点であり，保護者全体に直接話すことができる保護者会や入学説明会は，学校から特別支援教育について発信するチャンスです。

これから通級指導教室の利用を検討している小学６年生と中学１年生の保護者に向けた教室説明会を実施している中学校もあるようです。説明会の案内とともに，通級指導教室での指導の概要や特別支援教育に関する取り組みの一端を全保護者に向けて紹介するのもよいと思います。

コーディネーターとして名前と顔を知ってもらえると，保護者から声をかけてもらいやすくなります。一言でも話せる機会を設けられるとよいでしょう。

第7章

１・２月
１年のまとめを
しよう

支援のまとめを行い，引継ぎの準備を進めて
いきましょう。

1 個別の教育支援計画・個別の指導計画をまとめよう

今年度の計画について振り返りを行うことは，次年度に向けての支援・指導の方向性を見出していくことになります。

（笠原慎太郎）

個別の教育支援計画と個別の指導計画の違い

　2つの計画の違いが前述されています。まとめ（評価）をしていくときにも違いがあります。どんな違いがあったのか，振り返りながらまとめていきましょう。

❶個別の教育支援計画
　担任・保護者・本人や，行政の関係機関，医療機関など支援に関係のある機関とみんなでまとめ（評価）を行っていきます。個別の教育支援計画は，支援が必要なくなるまで，幼保　→　小　→　中　→　高　と引継がれていく，「支援の履歴書」と言えるでしょう。

❷個別の指導計画
　支援や指導を行っている機関内でまとめ（評価）を行っていきます。指導目標を振り返って成長が見られたのか，支援・指導方法はどうだったのか，評価していきます。対象とする子どもへの評価と同時に，支援・指導者への評価とも言えるでしょう。

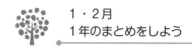

次年度にいかすまとめ・評価の仕方の視点

　年度末に行う2つの計画は，評価の欄が1年または半年ごとにまとめるようになっていることと思います。ここでは評価の視点だけでなく，次年度にいかしていくための視点を考えてみます。

❶設定した支援方法・指導方法そのものについての評価

　よかったところや，改善には至らなかったところを，所見で評価します。また，実態に適した支援・指導方法だったのか振り返ります。

❷実態把握の評価

　年度当初から，クラス内での担任や友達同士の関係性の変容があるかもしれません。変容があった場合は，次年度の計画に反映させましょう。

❸長期目標・短期目標の設定についての評価

　実態把握と密接な関係があります。❶の評価を踏まえながら，目標の設定が適切だったのか検討しましょう。

❹保護者・本人の願い・主訴の見直し

　支援や指導を行っていくと，期間の途中で達成に至っていたり，様々な要因から，知らず知らずのうちに変わっていたりすることがあります。見直しを行うことで，ズレを解消できるようにしましょう。

　こうして見ていくと，まとめることを通して，同時に次年度の計画も自然とできると思いませんか。「まとめ」となると，「評価して終わり」「次年度は4月になってから」となるかもしれませんが，評価と同時に次年度の計画も（仮）として作成していくことで，効果的で実効性ある計画が立てられます。

2 効果的だった支援ツール

その子の学びやすさ，過ごしやすさのために支援ツールを活用していきます。

（田中　博司）

一度の準備で長く使える支援ツール

　学びの困難さの支援となるツールはたくさんありますが，ここでは，一度用意しておけば，学習や生活での多くの機会に長く使える支援ツールを紹介します。

❶授業スケジュールボード【図1】

　授業の最初に，その日の授業の流れを掲示するボードです。次に何が起こるのかというドキドキワクワク感も大事ではありますが，日々の授業では，次に何があるのかの見通しがもてる安心感も大事にしたいです。特に，学習の内容や方法につまずくことが多く授業に参加しづらい子どもにとっては，先を見通せることが，耐性の高まりや参加意欲の向上につながります。

図1

❷目標チェック表【図2】

　行動改善のための目標を決めても，日々の学校生活の中では，それをなか

なか意識し続けられません。そんなときには，その目標が書かれたチェック表が効果的です。目標チェック表は，達成できなかったことを指摘するのではなく，達成できたときに頑張りを認められるように活用したいです。そのためには，達成可能な目標を設定するようにします。

	日 (月)	日 (火)	日 (水)
時間までに、朝の したくをする。			
連絡帳を書く。			

図2

❸掃除の手順【図3】

　掃除の仕方を掲示しておき，視覚的にやることが分かるようにすることで，戸惑わずに掃除をすることができます。

　担当場所ややることが週ごとに変わる掃除は，やることを察して動くことや，一つのことを習得することが苦手な子にとって困難な取り組みです。グループの友達と一緒に協力して行う場合には，注意や叱責を受ける機会になってしまいます。ほぼ毎日行われる掃除ですので，そのつまずきを支援することの効果は大きいです。

教室（ほうき）

1　まどをあける。（1人）
2　ほうきではく。（3人）
3　ゴミをあつめる。（2人）
4　ゴミばこにすてる。（1人）
5　まどをしめる。（1人）
6　はんせい会をする。

図3

あるとよい支援，なくてもよい支援

　たくさんの支援ツールがありますが，どの子にとっても，いつまでも必要なものとは限りません。その支援がなくてもできるようになったとき，そのツールを用意する必要はなくなります。また，その子の成長のために，支援ツールなしでできるようにしていくことが必要なこともあります。その子の様子を見極めて用意することが大切です。

3 支援の成果と課題を共有しよう

次年度に向けて，継続的な支援ができるように，成果と課題を共有しておきます。

（田中　博司）

年度の終わりに報告，共有の機会を設ける

年度当初に支援が必要な子についての情報を共有することは大事ですが，年度の終わりに１年間の様子がどうだったかを共有することも大事です。そのときに必要なことが，支援の成果と課題という視点をもつことです。

その子の１年間の様子は，その年にかかわった先生たちと過ごす中で表れている姿です。特に，１年の大半を一緒に過ごした担任の影響が大きいはずです。その子の様子がよかったにしろ，そうでなかったにしろ，どんな環境の中で，どんなかかわりをしたから，その子がそういう様子になったのかを振り返り，支援の成果と課題を校内で伝えるようにします。

次年度につなげる振り返りの視点

❶支援の成果が多く見られる子

「あの子，落ち着いたね」「最近，全然気にならないね」など，支援の成果が見られる子は，振り返りがおろそかになりがちです。どんな支援をしたから今の状態であるのか，どんな支援をしていると今の状態でいられるのかをしっかりと見定め，その情報を伝えるようにします。

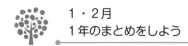

❷支援の課題が多く見られる子

　1年の終わりに近づいてもまだ課題が多い子についての振り返りは，その子のつまずきに目が行きがちになります。しかし，課題の克服のためには，その子がその1年をどんな環境で過ごし，どんな支援をした（しなかった）かを明らかにし，次年度は，別の環境や支援方法を考えられるようにしておきたいです。

成果と課題の共有の仕方

❶共有の方法

　支援の成果や課題を共有する方法として，まずは，教員全体での報告会が挙げられます。報告だけでは記録が残らないので，個別の指導計画などに記載しておくことも必要です。

❷共有時の配慮

　報告会の際，支援の成果と課題に目を向けられるようにするために，次のような話型を活用するとよいです。

---

①　○○なつまずきがあったから（課題）

②　○○な支援をしたところ，（支援）

③　○○になった。（成果・課題）

　また，話す内容に具体的なエピソードを入れると様子が伝わりやすいですが，時間が長くなります。全体会などの時間が限られている場合には，エピソードは入れずに話し，少人数でじっくり話せる場合には，エピソードを入れて話すようにします。

4 資料の引継ぎを しよう

資料の引継ぎと言っても様々な資料があります。どのように引継いでいけばいい
か考えていきます。

（笠原慎太郎）

校内での資料の保管と引継ぎ資料の例

❶保管場所について

　スムーズで確実な引継ぎのためには，資料保管用の保存ファイルを作成し
ておき，施錠可能な棚で確実に管理することが必須です。指導要録と一緒に
保管すると，自然と学年末や新年度に目に触れる機会が多くなりますし，管
理もしやすくなるのでおすすめです。

❷引継ぎ資料の例

- 就学支援シート
- 個別の教育支援計画・個別の指導計画
- 心理検査の結果や，実態把握表（アセスメントシート）
- 合理的配慮にかかわる内容など

進級・進学・転学における資料の引継ぎ

❶進級による資料の引継ぎ

　進級の引継ぎは，確実に行っていきましょう。新担任が発表されたら，コ

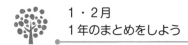

ーディネーターは速やかに，上記の資料をもとにしながら引継いでいきましょう。特に，配慮事項について伝えることで，新学期のスタートがスムーズになるはずです。

❷進学や転学での資料の引継ぎ

保護者がどんな支援や指導を望むのか，共通理解して資料を引継いでいきたいものです。さらに，現在受けている合理的配慮事項について，資料としてまとめておくことで，新しい学校での支援体制がスムーズになると思います。一方で，「資料を引継がないでほしい」という場合もあります。

保護者の意向確認

校内にはこれまで蓄積した指導や実態についての資料が膨大にあります。しかも，秘匿性の高い個人情報になるため，扱いには十分注意しましょう。なかには保護者には開示できない内部資料もあります。どの資料について意向を確認するのかは，校内委員会や管理職と相談しましょう。

意向を確認するには，面談がよいと思います。1年間の振り返りも兼ねて，お子さんの成長について話をしたい旨を伝えれば，応じてくださるでしょう。

振り返っていく中で，次年度の支援や指導に必要な資料について共有し，次年度に引継いでもよいか，保護者の意向を聞き取っていきます。

また，進学や転学など，学校を超えて資料を引継ぐ場合には，保護者に直接持参してもらうように話を進め，支援の主体が保護者となるようにしていきましょう。

第8章

3月
次年度の準備を
しよう

コーディネーターの1年は，ここから始まり
ます。できるとよいことをまとめました。

1 就学時健診から次年度の準備をスタートしよう

就学時健診は，次年度に向けた準備の始まりです。皆で取り組めるように発信していきます。

（吉成　千夏）

　コーディネーターの1年は3学期から始まると考えると，校内の特別支援教育の運営がスムーズになります。

　就学時健診は2学期に行われますが，次年度につながる取り組みの一つなのでここで取り上げます。就学児や保護者との出会いを大切に，教職員全体で温かく迎えるとともに，受け入れ準備に必要な情報を得られるよう，共通理解をしていきましょう。

就学時健診までにしておくこと

　就学時健診の提案がされるときに，特別支援教育の視点からも提案をしたり確認をしたりしていきましょう。また，幼稚園や保育園と連携ができていると，事前に気になる園児について情報が寄せられることもあります。初めての学校で不安が高い園児や保護者をサポートし，学校への安心感をもってもらえるように役割分担をしておきましょう。

❶観察の視点を共通理解しよう

　当日は運営で忙しいので，観察の視点を決め，確認します。

〈受付〉　受け答え（自分の名前が言えるかも）

〈視力検査〉　指示理解の様子

〈校医健診〉　こだわりや待っているときの様子

〈控室〉　待ち方，他児とのかかわり

　知能検査や面接では，観察のためのチェックシートを用意することが多いです。それに沿って記録をしていきます。これらは，各担当者の打合せのときに確認できるようにします。

❷初めての場や集団の場が苦手な子がいることを想定しよう

　役割分担をするときに，集団に入れないなど個別対応が必要な場合に誰が対応するかを決めておきましょう。他の役割と兼ねていても，決まっていれば担当者同士でやりくりすることができます。

　また，校医健診が受けられない場合，待つことがどうしても難しそうな場合などを想定して，誰がどのように対応するかを考えておくことも，当日の余裕をもった対応につながります。

必要な情報にアクセスできるように，整理・保管をしよう

　面接で使う個票には，保護者や就学児の様子を記録することが多いと思います。その個票に，それぞれの場での観察メモを転記し，情報を一元管理するとよいでしょう。

　その後も，幼稚園や保育園への聞き取り，就学相談の結果など，追加の情報が入る度に加えていきます。情報は，コーディネーターだけでなく，副校長，1年生の担任，養護教諭など，関係する複数の教員が受け取ります。鍵のかかる場所で管理しますが，第8章3の引継ぎシートや指導要録・保育要録とともに保管場所を明確にし，必要なときに，誰もが確認できるようにしておきましょう。

2 幼保小の連携を進めよう

入学した子どもが安心感をもって学校生活を送ることができるように，幼稚園・保育園の教育を小学校教育に円滑につなげることが求められています。

（青木美穂子）

幼保小連携の必要性

　遊びや体験を中心とした幼稚園や保育園での生活と，教科の学習が中心の小学校生活では，１日の流れも子どもを取り巻く環境も大きく異なります。子どもによっては，入学後の生活の変化に対応できず，不適応を起こしてしまうことがあります。幼児期から児童期へと子どもの発達や学びを連続させるためには，それぞれの発達段階における子どもの実態について理解を深め，幼稚園や保育園と小学校が相互に協力し連携することが必要です。

「スタートカリキュラム」の活用

　幼児期の教育と小学校教育をつなぐ「スタートカリキュラム」の取り組みも広がってきています。それぞれの自治体で，独自の「○○カリキュラム」や「○○プラン」，具体的な実践例集，就学前の保護者向けのリーフレットなど，様々な取り組みをしています。入学当初の子どもが安心して学校生活を送ることができるように，新入生を迎える前にそれぞれの地域の「スタートカリキュラム」を検索し，一読しておくとよいでしょう。

コーディネーターとしてかかわる工夫

　地域によって，子ども同士の交流活動や体験，教員の意見交換会や合同の研修会，参観など，相互理解の機会を定期的に設けているところがあります。入学対策委員会の取り組みとして，ほぼ全ての幼稚園・保育園に聞き取りをしている学校もあるようです。幼保小連携につながる行事や取り組みを書き出し，情報共有の機会を確認しておきましょう。

❶顔をつなぐ

　行事などで園長先生や年長組の先生に会う機会があったら，「子どもが小学校にスムーズにつながるように，必要な支援や配慮を引継いでいきたいです」と挨拶しておきましょう。幼稚園・保育園側も，小学校との連携を求めています。園長先生に顔を覚えてもらい，話ができる関係になることで，その後の連携がスムーズに進むこともあります。

❷園児の学校体験

　学芸会や音楽会の見学，1年生との交流活動など，年長児が小学校に訪れることがあったら，情報収集のチャンスです。授業の関係で実際に子どもの様子を見に行けない場合でも，かかわった教員から気になったことを聞き，メモしておきましょう。「初めての場所は入るのを嫌がった」など，入学後の配慮につながる情報が得られることがあります。

❸園への聞き取り

　子どもの様子や必要な支援や配慮などについて，近隣の就学前機関に訪問して直接聞き取りができるとよいですが，訪問することが難しい場合は，電話で話を聞いたり，指導要録や保育要録を受け取る際に聞き取ったりする方法もあります。校内の入学対策委員会などと連携し，情報を活用しましょう。

3 就学前機関からの資料を活用しよう

引継ぎシートや指導要録などは，就学前の支援や配慮を引継ぐための貴重なツールです。活用してこそ，いかされます。

(青木美穂子)

「指導要録」「保育要録」「引継ぎシート」とは

「幼稚園幼児指導要録」「保育所児童保育要録」は，学籍に関する記録や指導に関する記録等が記載され，園から就学する小学校に届けられます。

一方，「引継ぎシート」は，希望する保護者が中心となって作成します。幼稚園や保育園，認定こども園，療育機関等の協力のもと，生活の様子や必要な支援・配慮をあらかじめ小学校に伝えるもので，多くの場合，作成は任意です。

「引継ぎシート」は，自治体によって，書式や記述内容，提出までの手順が異なりますが，保護者→就学前機関（幼稚園，保育園）→保護者が署名→小学校へ持参の流れが多いようです（教育委員会や教育センターが仲介するところもあります）。

指導要録，保育要録，引継ぎシートを受け取ったら

❶必ず目を通そう

指導要録・保育要録や引継ぎシートは，就学前機関や保護者の思いの詰まった大事な資料です。年度末の忙しい時期に届くことが多いですが，しっか

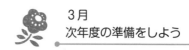

り目を通し，いつ，誰に，どのようにつなげるのか確認してから，個人情報として大切に保管します。個人情報だからと言って，しまったままでは意味がありません。クラス分けの資料にするなど，活用できるようにします。

　特に引継ぎシートは，就学時だけでなく進級の際にも次の担任につながるよう，校内で保管や引継ぎの仕方を確認し，指導にかかわる人が「知りませんでした」とならないようにします。

　園や保護者から受け取った資料を整理し，必要に応じて，保護者と面談します。引継ぎシートの提出の際に，面談を設定している学校もあります。担任がまだ決まっていない時期での面談なので，コーディネーターが中心となって必要な配慮や支援について確認します。

　また，保護者の了承を得て，幼稚園・保育園や療育機関から子どもの様子や具体的な支援方法をさらに詳しく聞き取ることもあります。

❷校内委員会で対応を検討し，個別の教育支援計画の作成に活用しよう

　引継ぎシートをもとに，校内委員会で情報を共有し，必要な支援（入学式の会場や教室環境を事前に体験する機会を設定するなど）を検討します。

　また，必要に応じて，個別の教育支援計画や個別の指導計画を作成し，学年が上がっても支援を引継げるようにします。

個人情報の管理

　就学前に療育等，特別な支援を受けているケースでも，引継ぎシートの提出をためらう保護者がいます。引継ぎシートを提出したことで不利になったと保護者が感じるようなことがあってはなりません。対応や個人情報の管理には十分注意しましょう。

4 進学時の引継ぎに 参加しよう

引継ぎシートなどを用いて支援内容や支援方法を切れ目なく引継ぐために，進学先の学校と連携を行います。

（石田　弥恵）

小学校から中学校への引継ぎ

　中学校では，教科担任制になったり，定期テストが設定されたり，部活動が始まったりし，学習面も生活面も大きく変化します。子どもが中学校生活をイメージできるよう「部活動・授業体験」が2学期くらいから設定されているところも多いようです。そういった際に，子どもがどのように感じたのかを聞き取り，不安が強い子どもへの引継ぎ方法を校内委員会で検討することも有効です。

　3月になると公立の小中学校間では，指導要録の引継ぎと小学校の担任からの申し送り，中学校教員の聞き取りが行われます。可能であれば，コーディネーターも同席し，これまでの支援方法が記入されている「個別の教育支援計画」や「個別の指導計画」，地域によって形式は異なりますが「引継ぎシート」を作成していれば，そちらも活用しましょう。

　中学校でも通級指導教室を利用する子どもは，通級指導教室の担当同士が引継ぎを行う場合があります。この際も，可能であれば同席して情報共有しましょう。

　私立の中学校に進学する場合は，保護者が直接，進学先にこれまでの支援方法や合理的配慮について話をすることが多いようです。どの時期に，どの

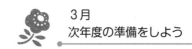

ように伝えればよいか悩んでいる保護者もいるため，夏休み頃の個人面談に
コーディネーターも同席し，引継ぎ方法を検討するとよいでしょう。

中学校から高等学校等への引継ぎ

　中学校卒業後，多くの生徒は高等学校に進学します。これまで受けてきた
支援を進学先にどのように引継ぐか，生徒本人の意思を尊重することが大切
です。生徒，保護者，担任，コーディネーターで話合いをし，引継ぎ方法を
決定していきましょう。

　入学試験において合理的配慮を受ける場合は，保護者から中学校へ早めの
相談をしてもらうようにしましょう。学校説明会で保護者が話をする方法，
管理職同士が相談する方法，教育委員会を含めて相談する方法などが考えら
れます。日頃から情報収集を行い，進路担当教員とも情報交換を行い，スム
ーズな働きかけができるよう準備をしておきましょう。高等学校等へも「個
別の教育支援計画」や「引継ぎシート」を用いた引継ぎが可能です。

　平成30年度より高等学校においても「通級による指導」が開始されていま
す。都道府県により実施状況が異なりますが，今後，利用する生徒は増えて
くることが予想されます。引継ぎの際，コーディネーターが知っておくとよ
いことの一つです。

学校外の支援についても知ろう

　学校間の引継ぎで終わるのではなく，その子どもの将来を見据えた支援の
継続が求められています。高等学校等で不登校や退学となった場合の相談機
関，大学や専門学校等に進学する際の相談機関，就労する際の相談機関等の
情報を収集しておき，子どもや保護者と話をする際に話題にすることで，将
来へつながる支援を行うことにつながります。

5 入学前に できることは

「最初の一歩を温かく」をキーワードに，入学前に面談やリハーサルを通して関係づくりをしていきます。

（吉成　千夏）

入学前に保護者と面談をしよう

引継ぎシートを提出しようと考えている保護者や通級による指導を受けることが決定している保護者と，入学前に面談をすることがあります。

❶面談は，誰が，いつ，どのように行うか

小学校の場合は，担任が発表される入学式までは，副校長を中心に，コーディネーターや養護教諭が同席して面談をすることが多いです。中学校でも窓口は変わりませんが，中学3年の担任団が行うこともあります。

面談の時期は，ケースにもよりますが，入学説明会が行われる前後から3月後半までにかけてが多いようです。

保護者から面談希望の連絡があった場合は，連絡を受けた養護教諭やコーディネーターが校内の調整を行い，面談を設定します。学校から声をかける場合は，副校長が保護者に連絡をし，コーディネーターが設定を調整します。

❷面談時に心掛けること

保護者にとって入学する学校に出向くことは，ハードルの高いことです。どのように我が子の状況を受け止められるのだろうか，支援を断られるので

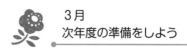

はないだろうかなど，様々な思いを抱いています。第6章を参考に，まずは，よい関係を築くことを優先しましょう。

　内容は，引継ぎシートを持参された場合は，シートに沿って心配なことを聞き取ります。ない場合は，生活面，行動面，集団への参加状況，中学では学習面など，保護者が気になっていることを中心に聞き取ります。具体的な支援については，担任が決定したところで再度面談をする約束をし，まずは，入学式が不安なく行えるように話し合うとよいでしょう。

　話し合われたことは，校内で共有します。新1年生の担任に伝えるだけでなく，入学式の提案や確認が行われる会議でも話題にするようにします。

入学式のリハーサルをしよう

　入学式は，主役が事前に練習することなく行われる，唯一の行事です。見通しのもちにくい子ども，初めてのことが苦手な子どもにとって，短時間でも実際の会場でリハーサルができることは，大きな安心につながります。

　会場準備がほぼ終わった入学式前日の午後に行うことが多いです。コーディネーターが，入学式当日の動線に沿って，何をするのか説明しながら行います。手元に手順表を用意しておき，見せながら説明し，一緒に歩いたり手を挙げて返事の練習をしたりします。当日，困ったときにはどのように合図を出すとよいか，決めておくこともおすすめです。

　直接リハーサルをすることができない場合は，入学式の流れを写真やイラストで説明するだけでも効果があります。

　はじめの一歩が温かいと，その後の困難を乗り越えていくときに，率直にやり取りをしながらよりよい方向を探ることができています。ぜひ，入学前からの関係づくりに努めましょう。

6 教育計画にも 特別支援教育のページを

次年度に向けて，どのように特別支援教育に取り組んでいけばよいか，校内で共通理解するための大切なツールになります。

（笠原慎太郎）

教育計画の作成に向けて

　12月あたりから，円滑に次年度の教育活動を進めていくために，教育計画を作成していきます。重要な引継ぎ資料にもなります。「いつ」「どこで」「誰が」「何を」「どうするか」の視点をもって作成しましょう。

　まだ，教育計画に特別支援教育のページが入っていない学校は，教務主任や管理職に相談して，差し込んでもらえるようにしましょう。

教育計画の特別支援教育に関するページに載せたい内容

❶「何を」「どのようにするのか」が分かるような項目立てを

- 1頁　特別支援教育のねらい
- 2頁　校内委員会の年間計画と役割（下記の❷参照）
- 3頁　コーディネーターの役割
- 4頁　通級による指導にかかわる手続きについて
- 5頁　個別の教育支援計画・個別の指導計画の扱いについて
- 6頁　居住地校交流について
- 7頁　専門機関とのつながり方について

❷「いつ」「誰が」「何をするか」が分かる年間計画表の例

月	参加対象者	内容・議題など
4	校内委員会メンバー	• 1年間の流れの確認 • 今年度の体制の確認 • 巡回指導対象児童の確認
5	校内委員会メンバー	• 巡回指導校内判定委員会 • 巡回指導対象児童や，教室で気になる児童の情報共有
9	校内委員会メンバー 対象児童の担任	• 個別の指導計画の前期のまとめ 　指導の進捗，学級での様子の共有

❸「誰が」「何をするか」が分かるような書き方のポイント

- コーディネーター，副コーディネーター，校内委員会のメンバー
- 「個別の指導計画」「個別の教育支援計画」　①書類作成者
- 「巡回指導新規申請書類」　②作成の呼びかけ
- 「巡回指導の延長・終了書類」　③作成の確認作業
- 「教育課程」　④回収・提出送付
- 「副籍交流」の担当者　⑤保管　を記す
- スクールカウンセラー，巡回相談員などとの連絡調整について
- 特別支援教育に関する研修会の企画や当日の司会進行について

　1年間，コーディネーターとして，どのように仕事に取り組んできたのかを上記のようにまとめることで，自分自身のスキルアップにつながります。また，担当者や分掌内容を明確にすることで，校内の特別支援教育を円滑に進めていく資料にもなっていきます。ぜひ作成にチャレンジしてください。

7 チェックシートで 学校体制を見直そう

自校の強みをいかしていく，次のステップや努力目標を見付けていくために活用します。

（吉成　千夏）

活用のポイント

　最後にお届けするのは，「校内支援体制　気付きのシート」です。

　コーディネーターは皆，自校の取り組みに対する不安や疑問をもっていると思います。それは，特別支援教育がスタートして15年が経っても変わりません。

　コーディネーター研究会の参加者の「何か客観的に見直せるシートがあるとよい」という声から平成25年に作成を試みたのが，この「校内支援体制　気付きのシート」です。

　このシートは，校内支援体制づくりについてのポイントを項目ごとに挙げています。ですから，取り組めていない項目があるのは当然です。例えば，「話が出せる雰囲気づくり」の項目がしっかりとしていれば，多くのマイナスをカバーできることもあります。ご自分の学校のよさをまず見付けてください。

　その上で，次に皆で努力していきたいことを見付けてください。小学校を想定して作成していますが，幼稚園・保育園・中学校・高等学校の方は，設問をそれぞれの状況に置き換えて答えてください。

校内支援体制　気付きのシート　2022年版

できていることに◎，やってみようと思うことに☆を付けましょう。

項　目		◎☆
話が出せる雰囲気づくり 日常の雰囲気と聞いてくれる人の存在	①職員室で職員の談笑する姿がよく見られる。	
	②話の輪に誘う，教室で仕事をしている先生に声をかける雰囲気がある。	
	③クラスの子や学年の子についての話題が出しやすい。「どう？」と話を引き出してくれる人がいる。	
	④「どうしたらいいかな」「校内委員会に出してみようか」など，解決に向けて，相談し合い，話合いを行おうとする雰囲気がある。	
話が出せる場づくり 公的に話せる場の設定	①気になる子やクラスの状況について，フランクに話せる場がある。（休憩時間をいかした気さくな雰囲気の雑談，声をかけ合っての懇親会…）	
	②職員朝会や夕会・生活指導部会・教育相談・学年会などで特別支援教育について話し合っている。	
	③気になる子やクラスの状況について，職員会議など全体の場で報告し合っている。	
特別支援教育の基本的な組織づくり 核となる人と組織・方法の確立	①コーディネーターが指名され，活動している。	
	②コーディネーターの仕事を理解しようとしている人たちがいる。	
	③コーディネーターでなくとも，支えて一緒に活動してくれる人がいる。	
	④管理職がコーディネーターの役割を説明し，バックアップしている。	
	⑤コーディネーターが複数指名され，協力している。	

	⑥校内委員会があり，校内組織に明記されて，位置付けられている。	
	⑦校内委員会には，管理職が出席している。	
	⑧定期的に校内委員会が開催され，議題が示されている。	
	⑨学校経営方針に特別支援教育について記載がある。	
	⑩教育計画に特別支援教育についての記載があり，校内委員会の年間計画が載せられている。	
	⑪ケース会議やチーム支援会議が随時行われている。	
	⑫体系的な支援方法・校内支援体制が検討されている。（時間割の配慮など）	
児童等の実態把握	①入学前の相談の窓口を設け，保護者の相談を受け入れる体制がある。（幼・小・中の連携）	
	②実態把握のために，下記のいずれかを参考にしている。（行動観察，スクリーニングテスト，チェックリスト，学力調査，発達検査など）	
早期の気付きとニーズの把握	③個別支援シート（アセスメントカードなど）の作成に学校全体で取り組んでいる。	
	④保護者から実態把握の情報を得ている。（個別支援シート，相談カードなど）	
	⑤就学支援シートの情報（有効な支援法や手立てなど）を活用している。	
	⑥保護者を通して，専門家の指導・助言か資料を得ている。	
	⑦保護者の了解のもと，直接に専門家と話合いをもっている。	
	⑧進路の相談や指導を全校体制で取り組んでいる。（担任・学年任せにせず，情報収集をし，保護者や本人と相談を実施）	
支援を効果的にしていく取り組み	①先行経験を交流し合い，指導を深める話合いをしている。	
	②ねらい，方法，児童の様子について記録を取っている。	
	③個別の指導計画や個別支援シートを作成している。	

先読みの指導の追求	④指導形態（個別指導，TT指導，小集団指導，取り出しなど）を検討している。	
	⑤指導の評価を話し合って検討し，ねらいや方法を修正している。	
	⑥臨機応変に機動性をもって動ける支援チームを組むことができている。（校内委員会が全員集まらなくても，当該学年を含めた少人数の検討会がもてる。例：支援チーム，小委員会，拡大校内委員会など）	
	⑦保護者を含めて支援会議を行い，個別の教育支援計画をつくっている。	
教職員の障害の理解と研修 特性の理解と共有	①特別支援の校内研修会を年に複数回開いている。（企画はどこであれ）	
	②校外での研修会の案内，書籍などの紹介をしている。	
	③校外で研修を受けたときの報告（会）をしている。（コーディネーター便り，職員朝・夕会，職員会議，研修会などを通して）	
	④特別支援教育の研修について年間計画を作成している。	
	⑤下記の研修内容の3つ以上は，この2年で終えている。 （①特別支援教育の流れと理念 ②LD，ADHD，ASDの理解と支援 ③校内委員会とコーディネーターの役割 ④実態把握の方法 ⑤校内支援体制の大切さ ⑥個別の教育支援計画・個別の指導計画 ⑦事例研究 ⑧特別支援学校・臨床心理士等の巡回指導の活用法 ⑨保護者との連携 ⑩その他)	

授業改善 学級・学校 経営の改善 校内研究で 全校の特別 支援教育力 向上	①校内研究のテーマに特別支援教育を取り上げている。 （特別支援教育がサブテーマや研究の視点にある）	
	②校内研究で特別支援教育を加味した研究授業や実習を行い，研究の成果に幅が出ている。	
	③授業研究の際に，特別支援を必要としている子への支援にも着目し，検討課題としている。（抽出児童など）	
	④教室整備，掲示，授業構成，教材，言葉かけなど，特別支援教育の観点からも意見が出されている。	
	⑤授業をできるだけオープンにして見合っている。（清掃時などの見回りも）	
校内協力の 姿勢・体制 づくり チーム支援 の具体化	①担任だけに任せず，協力しようという気持ちが学校全体にある。	
	②互いに協力できることを探し合っている。	
	③教師間の連絡方法があり，工夫している。（校内電話，隣のクラスの担任が連絡）	
	④クールダウンの場所（人）が確保されている。	
	⑤「こんなときに」「誰が」「どうする」という確認ができている。	
	⑥補助員・ボランティアなどの人員的配慮をしている。	
	⑦ティームティーチングの仕方，サブとのねらいの確認などを，管理職・コーディネーター・学年などで授業観察しながら，調整している。	
	⑧特別支援教育支援員・学習補助員・ボランティアなどの配置を定期的に見直し，配置する時間を検討している。	
	⑨スクールカウンセラーを支援体制に位置付けて活用している。	
スーパーバ イズの導入	①外部の専門家に相談していこうという方向性がある。	
	②巡回相談のシステムを利用し，児童の実態把握が深まっている。	

多面的な視点	③通級指導教室・特別支援学級と連絡を取り合い，活用している。	
	④地域の教育委員会と連絡を取っている。	
	⑤教育相談所等に相談している。	
	⑥相談できる医療機関の情報を集めるようにしている。	
特別支援教育に対する理解啓発 環境調整	①職員に校内委員会やコーディネーターの活動を知らせている。（口頭，校内委員会便り，職員会議など）	
	②学校説明会，新入生保護者会などで，コーディネーターを紹介している。	
	③全保護者，幼稚園・保育園，地域関係者に学校経営方針を紹介している。	
	④PTAや地域に特別支援教育について理解を深める働きかけをしている。（保護者会で特別支援教育への取り組みの説明，学習会，講演会など）	
	⑤保護者や地域を対象にした学習会などを企画したことがある。	
	⑥特別な支援を必要とする児童の保護者への働きかけをしている。（個別面談，支援会議，個別の教育支援計画・個別の指導計画への参画など）	
	⑦「学校便り」などで特別支援教育について取り上げている。	
	⑧「学校運営協議会」「地域連絡協議会」「学校評価委員会」などで，コーディネーターの参加や役割の紹介をしている。	
多方面との連携 支える面の強化	①保育園，幼稚園，中学校，高等学校等と交流をもち，連携している。（交流会，行事への招待，指導の引継ぎ，情報交換会など）	
	②学童保育，放課後等デイサービスなどの地域リソースとの連絡を密にしている。	

	③通級指導教室・特別支援学校・教育委員会との連携を取っている。	
	④医療・療育機関，教育相談所などの情報を得るようにしている。	
	⑤親の会，発達障害者支援センターなどの情報を得るようにしている。	
	⑥校外の多職種の方と意識的にお付き合いをしようとしている。	
学校全体の意識化と方向付け 全体方針と役割	①学校経営方針に，特別支援教育の推進が位置付けられている。	
	②学級経営案，教科経営案，専科経営案などに特別支援教育の観点がある。	
	③学校経営方針とともに「特別支援教育の充実」「年間計画」について校長から基本提案があり，コーディネーターが説明をしている。	
	④教務主任が特別支援教育に関することを教育計画でチェックし，配慮するようにしている。	
	⑤生活指導主任が校内委員会やコーディネーターに積極的に協力し，声をかけている。（休み時間，清掃時の過ごし方に気を配っている）	
	⑥学校評価（年度末反省）に「特別支援教育」の項目が入っている。	
	⑦職員会議の定例議題に「特別支援教育について」が入っている。	
	⑧校内委員会の報告が，職員会議などで行われている。	
コンサルテーション	①保護者との面談時間（機会）が確保されている。	
	②本人（当事者）の気持ちや意見をよく聞くようにしている。	

円滑な相談	③保護者との相談は，必要とされている職員が複数で分担し，大事な面談には管理職も同席するようにしている。	
	④保護者・関係者を含めた支援会議が行われた結果を校内委員会でまとめ，職員会議などで共通理解している。	
	⑤支援会議には，管理職も同席するようにしている。	
	⑥支援会議には，校外の関係者の出席も積極的に受け入れている。	
個人情報の管理 公職の責任	①個人情報は，管理規定を順守している。（鍵付きの書庫などで管理し，持ち出しの範囲を決めている。データにパスワードをかけて保存している。書類の廃棄期限を設けるなど）	
	②個人情報を含む配付資料は，番号を付けて配付・回収し，適切に廃棄処理をしている。	
	③守秘義務を守り，互いの信頼を崩さないようにしている。	
	④話したくないことへの理解を前提にしている。	

　このシートは，特別支援教育の進捗に合わせて改訂を続けています。これで完成というものではありません。ぜひ，学校の実態に合わせてご活用ください。そして，本研究会にもご意見をお寄せください。

【執筆者紹介】　＊執筆順

吉成　千夏　　東京都豊島区立池袋本町小学校

塩原　亜紀　　栃木県大田原市立苦草中学校

本多　秀年　　元東京都目黒区立菅刈小学校

青木美穂子　　東京都足立区特別支援教室

石田　弥恵　　東京都立墨東特別支援学校

横山　礼子　　東京都品川区立鮫浜小学校

田中　博司　　東京都公立小学校

藤田　正美　　東京都台東区立石浜小学校

笠原慎太郎　　東京都公立小学校

尾形　俊亮　　東京都公立小学校

【編著者紹介】
東京コーディネーター研究会
(とうきょうこーでぃねーたーけんきゅうかい)
東京コーディネーター研究会は，特別支援教育に携わる様々な
学校関係の方が集まって，現場での実感を分かち合い，子ども
の目線に立ちながら，指導と連携の具体策を話し合い，明日へ
の実践への活力を生む。そんな研究会を目指し，2004年の秋に
発足しました。
HP　https://tckenkyu.com
E-mail　tckenkyu@gmail.com

〔本文イラスト〕みやびなぎさ

1年の要所がわかる・見通せる

はじめての「特別支援教育コーディネーター」
12か月の花マル仕事術

| 2023年4月初版第1刷刊 | ©編著者 | 東京コーディネーター研究会 |
| 2024年1月初版第2刷刊 | 発行者 | 藤　原　光　政 |

発行所 明治図書出版株式会社
http://www.meijitosho.co.jp
(企画)佐藤智恵 (校正)武藤亜子
〒114-0023　東京都北区滝野川7-46-1
振替00160-5-151318　電話03(5907)6703
ご注文窓口　電話03(5907)6668

＊検印省略　　　　組版所 長野印刷商工株式会社

Printed in Japan　　　　ISBN978-4-18-170332-5
もれなくクーポンがもらえる！読者アンケートはこちらから →